LOCUS

LOCUS

Smile, please

Smile 133

我在飛機上學會的事：一位空服員的告白

作者：李牧宜
責任編輯：魏珮丞
封面設計：林育鋒
內頁排版：bear 工作室
校對：呂佳眞

法律顧問：董安丹律師、顧慕堯律師
出版者：大塊文化出版股份有限公司
台北市 105022 南京東路四段 25 號 11 樓
www.locuspublishing.com
讀者服務專線：0800-006689
TEL：(02) 87123898　FAX：(02) 87123897
郵撥帳號：18955675　　戶名：大塊文化出版股份有限公司
總經銷：大和書報圖書股份有限公司
地址：新北市新莊區五工五路 2 號
電話：（02）89902588　　FAX：(02) 22901658
製版：瑞豐實業股份有限公司

初版一刷：2016 年 7 月
初版十一刷：2020 年 5 月
定價：320 元
ISBN：978-986-213-712-3

國家圖書館出版品預行編目(CIP)資料

我在飛機上學會的事：一位空服員的告白/李牧宜著.
-- 初版. -- 臺北市：大塊文化, 2016.07
304面；14.8 × 21 公分. -- (Smile；133)

ISBN 978-986-213-712-3(平裝)

1.航空勤務員 2.文集

557.948　　105009861

我在飛機上學會的事

一位空服員的告白

李 牧宜——著

目錄

—推薦序—

那些幾百趟飛行所濃縮的人生經驗

關鍵評論網共同創辦人暨內容總監　楊士範

我們公司大約每半年會招募一批實習生，目前這個制度已經來到第五屆左右。每一屆的實習生都不見得全部是學生，有些是已經有工作經驗的年輕人，或許會因為想要轉換跑道，而透過這種方式來更瞭解媒體或新創公司的運作情況。牧宜就是在大約一年前左右以實習生的方式加入我們。

但其實早在她加入之前，我們就已經算認識她了。因為讓她後來「惹麻煩」的文章，就是發表在關鍵評論網上面，所以某種程度上，我們也算是在她轉換跑道的路上推了一把。

牧宜在加入我們之後沒多久，有天有點緊張地跑來找我，說大塊文化想找她出書，想問我的意見。站在主管的立場，我一向是鼓勵同事能夠在工作之餘能多方面發展自己的興趣和事務，所以我說如果妳對於合約或是書的內容方向有問題的話，我很樂意提供自己的經驗作爲協助。還以爲這是沒多久前的事情，沒想到時光飛逝，一轉眼，這本《我在飛機上學會的事》就要出版了。

雖然我算是牧宜的主管，但我對於她過去當空服員的職場生涯並不熟悉，也不了解一般空服員的工作型態，所以作爲一個讀者，我很開心能夠透過這本書一窺空服員從訓練到正式上機的辛苦過程，與在飛機上以及在國外休息過程中，觀察到形形色色人物和故事。

書共分三部，Part 1 牧宜用三篇文章描述自己爲何走上空服員之路，也回味了受訓的辛苦過程；在 Part 2 機艙裡的社會學中，透過十篇文章，我看到的是年輕剛出社會的新鮮人，在面對各種不同國籍客人和狀況時，雖然難免會有情緒上的起伏波動，但是卻總是能夠內省（或透過裡面總是睿智的爸爸）學到人生課程。Part 3 則是各種在當空服員過程中發生的親情和友情小故事，有跟媽媽可愛有趣又驚險（竟然意外把媽媽一個人留在了夏威夷）的互動過程，也有在外站休息的時候，思考人生和節日意義的反省，以及離職之後跟媽媽飛去印尼找之前家中移工的感人故事。

閱讀「人」獲取的寶貴人生經驗

因爲作爲牧宜第一個發表文章的網站以及她後來工作的公司，我們很幸運可以在第一時間就看到了書中一些內容，但還有很多她過去的工作內容和收穫，我也是這次才一次在書中讀到。也才知道，原來每次飛航時，空服員都要做這麼多事情，尤其是那種短距離的航班，空服員從先期準備、接待客人上機到送餐服務等等，眞是忙得不得了。而飛那種短時間的航班的疲累、不穩定的工作時間對跟家人、朋友和情人之間感情的影響等等，都在牧宜的筆下跳了出來，讓一般讀者更能理解這行看似光鮮亮麗的外表下的辛苦。

或許也是過往空服員這種高壓又忙碌工作環境的訓練，牧宜在加入關鍵評論網之後，面對媒體每天截稿的壓力和完全不同工作領域的轉換都順利度過。（但也可能她其實還是有回家後，跟他睿智的爸爸抱怨過我們……）

我常常跟同事聊天或上課的時候提到：一個好的編輯需要大量吸收各式各樣的資訊，不管是電影、漫畫、雜誌、小說、影集等等，都是非常好的來源。我覺得牧宜某種程度上很幸運，在她出社會的第一份工作就可以在兩三百趟的飛行中，接觸到很多不同的人和情境，而這種跟人互動的經驗，一般的編輯不太有機會能得到。

我們一般是靠大量閱讀來得知他者的人生經驗，而牧宜則是在過去兩年透過閱讀「人」的方式來獲得這些有意思的經驗。

而現在，她降落了，把她過去兩年的「閱讀心得」濃縮成這本《我在飛機上學會的事》，我很榮幸能夠作為搶先閱讀的讀者，我想這21＋1篇的文章，應該會對所有正要進入社會工作的年輕人或是在工作上有所迷惘或掙扎的上班族，都帶來一些思考的方向。

她的飛機已經落地，而拿起這本書的你，旅程則正要開始。請繫緊安全帶，跟著牧宜一起欣賞她過去兩年看過的風景吧。

Ps.也因爲看到她描述在受訓和飛行時候承受的壓力和挫折，我想我們應該再對她更嚴格一些……

PART I

踏上空姐之路

01

不要成為「下午茶空姐」

因緣際會下，認識了一位退役空服老師，我抱著謙虛的心態拜訪他，希望可以學到實用的應考技巧，究竟怎樣的妝髮、走姿、笑容，可以讓我一進考場就「打遍天下無敵手」。談過幾次話，我始終不了解，爲何他堅持不傳授我「應考祕訣」。
開始飛行後，我終於知道爲什麼了……

曾經，走爸媽幫忙選定的路

求學過程中，我一直表現得不差，雖然高中沒有念到第一志願，也進了不錯的女校。未料高三指考成績令人跌破眼鏡，父母雖然對結果感到失望，但仍不許我重考，因爲他們不忍心看見我進重考班，再打上辛苦的一仗。

很多師長都說我有一種「大考失常病」，之所以會在關鍵時刻失常，就是因爲自己面對人生重大考試時，總會浮現極重的得失心，而我，也因爲得失心而壞事。

爲了將來出路，父母總希望孩子可以讀保證就業的科系，因此，爸媽「幫我」選擇了會計系，畢竟四年畢業後，就算對會計毫無興趣，也不失專業，不愁沒飯吃。

大學穩穩地這樣過去，會計系課業繁重，從初會經過中會到高會管會，面對這一堆「會」，雖然考過就很「快」忘記，但中間卻都沒有出什麼差錯。一週一小考、兩週一大考，一「塊」一「塊」考過，就這樣，過了快四年。

大四下學期，我聽父母的話完成了GMAT考試，準備再次踏上爸媽期望我走的路：出國念書。

有一天，我一邊用電腦查看美國各校的科系、學費，想到自己準備以很平庸的姿態離開校園，卻對自己的未來毫無目標。我不確定自己的專長爲何，但我唯一確定的是，我不喜歡冰冷冷的數字，我喜歡有溫度的「人」。

當時我心中有個聲音：既然喜歡與人互動，爲何不嘗試勇敢地走入服務業？

從小，就很常跟愛旅行的爸媽出國，搭過歐、美、澳、中東、非洲，許許多多航空公司的飛機。不瞞大家說，我跟許多女孩一樣，嚮往穿著氣質制服、踩著高跟鞋、拖著行李箱行走在機場的模樣。

這就是一個未踏入社會的女孩，對一個職業唯一的想像，雖說很狹隘，但卻是個不可取代的憧憬。就是因爲它很夢幻，所以追求起來會更有勁。

那刻，我把美國研究所的 ranking 網頁關掉，打開了各家航空公司的網站。從此以後，我再也沒有打開美國各大研究所的排名網站了。

雖然我身高只有一六二公分，也沒有多出色的五官、身材，但在美國長大，可以用流利的英文溝通。我每天在網路上「爬文」，看著不少空姐分享應考資訊，心想，只要抓對考官的胃、學習最好的妝髮技巧、訓練端正的走姿，要穿上那身制服應該沒這麼難吧！

我從沒想過的空姐生活

因緣際會下，我認識了一位曾在航空公司服務的前輩，我抱著滿心想學習的態度去請教他，期待他可以利用自己飛行的經驗，教我如何應考，用怎樣別致的妝髮、笑容、走姿打敗那些高䠷的正妹。

第一次見到他，他問我：「妳來做什麼？」

我開門見山地說明我拜訪的原因：「我很想當空服員，很想學怎麼包頭、怎樣化妝，還有……」

他突然打岔：「妳覺得妳有什麼特質，可以勝任空服員這項工作？」

我支支吾吾地說：「啊……我很喜歡跟人接觸，而且我很聰明、學得很快。」

他似乎對我的回答感到無趣，冷冷地問：「妳想像中的服務業是什麼？」

我心想，現在是要開始模擬面試了嗎？我把背挺直，雙手交叉放在大腿上，用堅定的眼神看他：「像王品提供的服務一樣，讓客人賓至如歸。」

他笑了，繼續問我：「那什麼是一位好的服務人員？」

我繼續滔滔不絕地說：「就是客人至上，把最好的服務都給客人。」

當時，我還心想，天啊，我答得眞棒！

他說：「妳喜歡跟人接觸，也很聰明，就可以把最好的服務都給客人嗎？」我傻住了。

他繼續追問：「妳有男朋友嗎？他是學生嗎？」

「是電機研究生，交往三年。」

他回答：「OK，他的生活是週休制，但妳如果順利考上了，沒有固定休假，不但生活作息不正常，每天也會飛來飛去，妳知道妳有可能一兩個月無法見到他嗎？」

他繼續問：「現在妳享受在國定假日和家人、親愛的男友相聚。但考上後，這些時候妳或許都飛出去了，也會是工作最忙的時候，跟親人聚少離多的生活，妳可以嗎？」

我不知如何回答，因爲我對於這樣的生活，沒有任何想像。

「如果妳想學習妝髮、台步，妳去 youtube 上都有很多教學，甚至花錢去報名空姐特訓班，都可以學習到最專業的。下次，如果妳願意再來找我，我不會教妳怎麼考上，而是要讓妳知道，如果妳考上了，妳的人生可能會有什麼改變。」

回宿舍的路上，我好生氣，因爲我沒有得到我想要的「祕訣」。進家門後，還狠甩自己的書包，覺得自己浪費了好多時間和這個人談話。現在就是不想知道以後的人生會如何，我只想知道怎麼考上，有這麼困難嗎？

我躺在床上，皺著眉頭，又突然想到明天的高會考試，更是火大。我下床、打開高會原文書，把計算機當成遷怒的對象，一個鍵、一個鍵用力地按著。

看著上頭的數字，我突然意識到一件事情：**或許正是因為我這輩子都只在乎眼前的東西，從來沒有想過自己喜歡什麼、要怎麼鋪陳自己的人生，才會什麼事都讓長輩插手替我決定，搞到現在完全不認識自己，還要每天跟這些我厭惡的數字相處**？

而此時此刻，我身邊出現一個願意告訴我實情的人，願意告訴我，當爲自己做了某個決定後，人生會有什麼樣的改變，而我卻把耳朵關起來，拒絕聽他的建議？

我告訴自己：「現在已經不是考不考上的問題了，而是我必須知道，自己爲什麼要做這件事情。」

我寄了一封 e-mail，約了下次見面時間。

收起驕傲，我開始上課了

這位前輩，以下簡稱爲「老師」吧！

除了第一堂課，遞上了履歷、練習簡單的自我介紹外，往後的會面，我們都在聊天。

老師非常喜歡丟些讓人很難回答的「情境題」，而這些問題通常沒有正確答案：

「如果妳是空服員，送餐時客人想吃的選擇已經沒有了，除了道歉，妳還會怎麼做？」

「如果妳看見大茶包裡有些發霉，妳決定勸姐姐（空服員之間的尊稱，男生即「大哥」）不要煮這些茶包，但姐看了看，跟妳說這個並不嚴重，而且如果不煮，全客艙的人都沒有茶喝了。妳怎麼辦？」

「妳每次都會跟不同的組員飛，每次都要由不同的 leader 領導、跟不同的哥姐合作。妳要求客人把手機關機，但他不願意。妳把客人惹毛了，因此妳稟報客艙經理。這次客艙經理跟妳說，妳堅持對的事情，很棒。但下次，另一個客艙經理卻責怪妳，認爲一定是妳態度不佳，還進而處罰妳，妳怎麼辦？」

印象中，我每一個問題都想非常久。而我的回答都非常陽春：「只要遵守ＳＯＰ、做對的事就對了。」

老師從來沒有給我正確答案，但他最後都用這句話做結論：**「在客艙服務，每個眼神、動作，都是一個抉擇，而這些抉擇是否精準又正確，必須根據妳察言觀色的功力。」**

我不是很懂這句話，但我默默將這句話寫進筆記本裡。

空服員必須學會的感情獨立

有一天上課的主題是「感情」。有關一位空服員上線後和男友、朋友、家人的感情變化。空服員的生活不穩定，除了要對抗時差，還必須忍受與親人聚少離多的生活。

老師警告我，有八成以上的空服員，都是孤單的，而且他們必須逼迫自己習慣孤單。要在空中和自己愛的人維持感情，不是一件容易的事情，尤其是和伴侶，必須用極大的智慧及「信任」，維持感情的溫度。

「不管是妳還是他，都一定要學會感情獨立。空服圈子裡什麼都很亮麗、什麼都很吸引人，但牧宜，妳要時時刻刻，很清楚自己在做什麼。更重要的是，在這個過程中，妳會學習到如何信任。」

老師也告訴我，很多女孩進了空服圈後，作息和圈外的朋友變得完全不同，又因為話題愈來愈遠，而失去了很多和朋友聯絡的機會。

「妳知道什麼是下午茶空姐嗎？」

很多空服員在休假時，都和圈內朋友互相比對班表，在大家有空的時候出來喝下午茶。

這些話題永遠都是：

1.抱怨客人；2.抱怨公司；3.講組員八卦；4.男人。

我大笑了，「老師，這有點誇張吧！如果眞的是可以約出來的好朋友，怎麼可能話題只局限於這四樣？」

「牧宜，等到妳熬過了受訓期，可以獨當一面了，妳就會發現自己嘴巴講出來的，很可能只圍繞這些主題。**讓腦子太過舒適的工作環境，會讓妳停在原地**。不能怪誰，只能怪自己被環境束縛。」

「你的意思是我腦子會變得很空？」

我繼續追問：「老師，我憧憬的生活是夢幻、自由、亮麗的，我可以搭乘飛機到不同國家看看，吃美食、看美景。但我發現你總告訴我一些我會面臨的問題，爲什麼從來沒告訴我，我的生活會有什麼正向的改變？」

「如果妳發現老師跟妳說的事情全部都印證了，可能妳連飛行的熱情都沒有了。所以，老師希望妳牢記這些話，好好去感受，才能快樂地飛。等到飛了幾年，妳會發現，妳的成長比自己想像得還快。」

在和老師見面數次後，我也順利考上兩家航空公司。當時，我也好期待香港某家航空公司的空服員招考，可惜在我開始受訓時，才公布了招考消息。

我開心地選擇了紫色制服、logo是一朵漂亮梅花的華航。我不知考上的原因，是不是有受老師說的話影響，但我可以確定的是，老師成功消滅了我腦中那些不切實際的幻想，消滅了我的得失心，讓我用平常心面對面試，讓我沒有因爲緊張而失常、因爲看到那些身材高䠷的女孩而遭受打擊。

決定選擇任職小梅花航空後，我寫了一封信謝謝老師。

老師的回信，簡單而溫暖：

「牧宜，千萬不要成爲下午茶空姐，祝妳快樂飛行。」

02

受訓第一天，差一點就遭退訓

那天學員長把我拉進黑暗的辦公室，對我說：「妳知道多少人想進來嗎？」

我的職場蜜月期才維持了一天

在職場裡，一般人對於應屆畢業生的印象是什麼？是一張準備好要染上色彩的白紙，還是經不起壓力、白目的草包？

空服員是我大學畢業後的第一份工作，又因爲我們公司喜歡錄取有工作經驗的人，所以，我是班上唯二的應屆畢業生。但應屆完全不構成可以當笨蛋的藉口，因此，我在受訓第一天就闖禍了。

公布錄取名單當天，窗外是豔陽高照的天氣，我正在整理畢業後從宿舍搬回來的「家當」，房間布滿著亂七八糟的衣服、原文書和紙箱。我提早打開華航徵才頁面，每摺好一件衣服就衝去按一次重新整理，心臟幾乎快要彈出我的扁胸……

當華航徵才網頁公布錄取通知，並跳出這段文字：「親愛的李牧宜小姐，非常感謝您撥冗參與二〇一三年客艙組員招募，經過此次客艙組員整理評量，恭喜您已達本公司甄試標準，現請您依下列各事項說明配合辦理，選擇受訓日期……」

一看到這段文字，在一旁的媽媽終於見識到什麼是「手舞足蹈」。我蠢到手上拿著摺好又被我甩開的T恤，舞動在垃圾堆中，「我錄取啦！」我有機會穿上紫色制服遨遊天際了！

而在舞蹈表演結束後，回頭看看才知道，收到錄取通知前，我只摺了五件衣服。看來，抱著提心吊膽的心情是無法有效率地完成任何事情的。我選了受訓日期，正式加入了三三六期空服員行列。

二〇一三年八月十九日，是我受訓的第一天。那天，我起了個大早，穿上已經燙好、掛好的白衣黑裙，化好自以爲非常精緻的妝（現在回想根本是國劇臉譜），帶「齊」了所有該準備的文件，還有期待的心情出門。

容我插播一下。**華航，是一間非常重視「空服員心思是否縝密」的公司**，包含在招考時，都規定應試者要帶齊大量的文件，若是少了任何一樣，甚至是一個小細節（照片規格等）不符合規定，就會直接被擋在大樓外面，連進去喝口水的機會都沒有。新聞上永遠都告訴大家，這次有六、七千人報考，但可能在最初的文件審核上，就已經刷掉了上千人。換句話說，只要一不留神，可能連面試官都見不上一面。

好的，我們重回正題吧。

進了受訓教室，我帶著微笑坐下來，眼看著所有同學也是帶著快僵掉的笑容紛紛進入教室。二十三位同學到齊後，有一位女生手持點名板走進來了。

她看起來是非常專業的空服員，穿著山梅紅的制服，不管是面貌或言語之間都很有氣勢，溫柔之餘還給人很幹練的感覺。

「我是空訓部的學員長，大家叫我○○姐就可以了，稍後會有另一位男性學員長來跟大家打招呼。這兩個月的受訓會很辛苦，從你們每個人的言行舉止、妝容，到所有大小考試，都在我們的考核範圍內，希望大家好好加油。」在她簡單介紹完訓練課程內容後，開始由公司各個部門來收取我們的資料。根據受訓通知，我們必須準備好的資料至少十幾種。

這時，我突然發現……

我發現……

我居然……忘了帶體檢表。

這個烏龍對空訓部來說，是可以直接退訓回家的程度了。我心想：天啊，我真的死定了，我才來訓練第一天，就要被轟回家嗎？行政部的小姐冷冷地說：「妳自己看著辦吧！」

俗話說，職場菜鳥的第一週永遠是「蜜月期」，沒想到，我的蜜月期只維持了一天。

二〇一三年八月二十日，受訓的第二天。一早到教室，門上貼了這張紙：

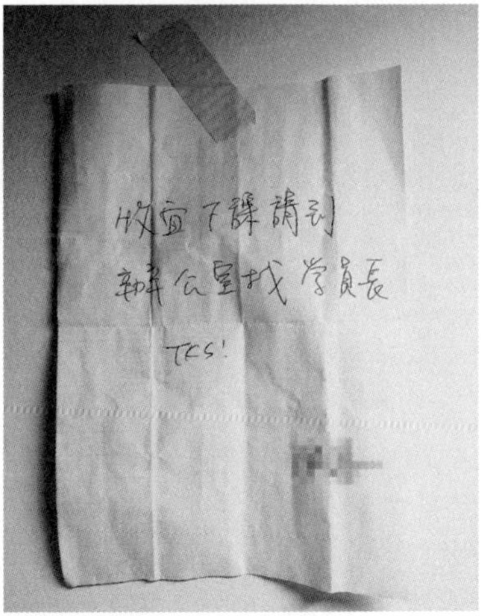

學員長貼在門上的小紙條。

「牧宜下課請到辦公室找學員長」。

一個不小心，而搞砸給主管的第一印象

我默默撕下了這張紙條，走到空訓部辦公室，進了一間小小的會議室。

當時，會議室沒有開燈，是昏暗的，學員長在會議室的另一頭，前三十秒她都不發一語。通常暴風雨前的寧靜是很可怕的，因爲隱隱約約讓人感覺到會有一波什麼事情爆發，我緊張得手心都出汗了，告訴自己，無論聽到什麼都要沉著、冷靜。

三十秒幾乎像三十小時一樣的漫長，終於，學員長開口了：「牧宜，妳知道多少人想進

受訓期，菜鳥空服員的導師：學員長

帶領新進組員受訓的資深空服員，打理所有課程安排、裝備和服儀的例行檢查。

來嗎？」

這句話我永遠忘不了。雖然乍聽之下只是個簡單的問句，卻狠狠給了一位剛出社會的笨蛋一個耳光。

「爲什麼全班所有人資料都帶齊了，只有妳一個人，少了體檢表？請給我一個理由。」

「〇〇姐……眞的很對不起，是我沒有注意到……」

「告訴我，妳是沒有注意到還是根本不在乎？」

她接著嚴厲地說：「**妳不仔細只有一個原因：不夠在乎**。我們並不需要一個不夠在乎這份工作的人加入。想想妳是在幾千人裡得到這個機會的，現在妳讓我覺得公司錄取了錯的人，請妳用往後的表現，證明我錯了。」

我深刻地感受到，**不管妳用任何原因或方法搞砸了自己給人的第一印象，都可能無法挽回主管「回不去的心」**，特別是當人家認定妳就是個「不在乎這份工作」的人。

「好的，謝謝學員長。」

後面這句話我省略了：「我一定要證明妳是錯的。」

學員長在新進學員的受訓過程扮演著非常重要的角色。記得學員長〇〇哥格外重視我們的禮貌、秩序、服裝禮儀以及妝容。空服員臉上的妝是每天檢查的重點之一，包頭更是。雖然每次上班前，我都會花好幾個小時努力梳包頭，但笨拙的雙手總無法綁得整齊漂亮，總會被學員長念頭髮「綁得太醜」。每次想多加責罵，但看到我噴的髮膠多到整頭已經硬掉，總覺得我已經盡力了，只會用眼神給我個「最佳努力獎」。

○○姐對我們雖然嚴格，卻又悉心的照顧我們，成爲我們深愛的前輩。她都會在我們鬆懈時格外監督我們，用嚴厲的話語讓我們認清自己所在的階段；在妝容不完整時，用眼神提醒我們，該找時間補妝了；也會在我們最脆弱的時候，給我們最溫暖的擁抱。

在受訓過程中，也許是因爲我沒有任何工作經驗，也沒有出社會和大家接觸過，難免會玻璃心，覺得自己撐不下去。在這過程中，學員長會不時地關心我，她是幫助我蛻變的重要貴人之一。

在受訓期間，我們也被許多不同的學員長短暫的帶過，每位學員長的領導風格都不同。在結業的那天，我們很幸運地又由○○姐帶大家結業。記得那天，她看到我們每個即將離開娘家、到機上自己自由發展的小面孔，還激動地流下眼淚。

學員長是我們剛進公司時最害怕的對象，但上線後，每當有機會可以見到學員長，只會飛奔去擁抱他們。

【後記】

在我準備要辭職前，這位○○姐在 Facebook 上傳了訊息給我：「還好妳遞辭呈的那天，我有任務飛出去了，不然兩個人一起哭會很好笑，而且……別人會以為是我又把妳罵哭了！」

○○姐至今仍是我最感謝、也是最想念的組員之一。而她的那張紙條，如今還貼在我房間的牆上，我相信這個故事，對我的人生來說受用無窮，因為那是我剛出社會時，最深刻的烙印。

03

不容犯錯的航空精神

飛機是非常安全的交通工具，歷年來的致命事故率也是以幾萬分之一計算，但若是不幸碰到事故，飛機對多數乘客來說，都是多麼陌生。他們只能依靠空服員的專業指示，才有可能在危急時保護自己的性命。

在上千人中脫穎而出或許很難，但錄取只是一個開始而已，被丟入了這個魔鬼訓練營，只有埋頭苦讀、努力衝刺的份。

從二〇一三年八月十九日受訓的第一天開始，我每天早上五點準時起床，花一個小時化妝和梳包頭、檢查行李箱的各種裝備和課本，再踩著高跟鞋趕公司的交通車（總公司園區在桃園機場附近，公司和租車公司長期合作，在台北市各個區域設立接車點，每早準時接送辦公室員工上下班）。

趕搭交通車是一件很刺激的事情，畢竟公司這麼遙遠，一旦錯過了，就只能自己叫計程車前往，不但車資貴到嚇死人，若是不幸遲到了，這個紀錄將會成爲被退訓的最佳理由，因爲任務型工作的空服員不允許沒有時間觀念。

受訓初期，我們還沒拿到訂製好的制服，只能暫時穿面試的白衣黑裙和高跟鞋，記得面試時，我爲了讓自己看起來高一點，穿了一雙很高的鞋子。第一天，我就穿著那雙高跟鞋趕車，跑得非常吃力，記得經過公園時，有一群早起運動的阿公阿嬤，一邊甩著雙手，一邊盯著奔跑的我看，可能覺得這個女孩跑步的姿勢很滑稽吧！

踏進教室時，我馬上被眼前的帥哥美女同學嚇到，每一位臉蛋好看身材又高䠷，坐我對面的同學長得像《後宮甄嬛傳》的女主角甄嬛，看著這些人，再看看自己，我都不明白自己是如何考進來的。

學員長一進教室，開宗明義地宣布：「從今天開始，只要遲到、服儀不整、禮貌不足、微笑不夠，或是做任何未遵照SOP的事情，你們就必須寫報告，累計五張報告會直接被退訓，請同學們務必遵守。」從此以後，我每天都逼自己掛著笑容上班，即使到了傍晚時，臉部肌肉已經嚴重僵硬，但還是要硬撐到晚上下班爲止，才能卸下笑容。

基礎上課一段時間後，我們才有上飛機觀察的機會，在這之前，每種機型的飛機結構、複雜的裝備配置，都畫在一疊一疊厚重的課本裡，我們只能憑著自己的想像力，努力把這些複雜的圖像記在腦海中。

上過課才知道，很多東西在地面上看似平常，但配置在飛機上就各個充滿學問。例如每間餐廳都有餐車對吧？但使用飛機上的每台餐車，都必須遵守嚴格的操作方法。例如，當空服員踩下紅色踏板時，餐車會自動切換煞車固定，採綠色踏板時則會被解開。哪怕只是個小小踏板，或是廚房裡一個櫃子上的小小門閂，如果未按照課本規定的方式隨時固定，也會造成客人很大的安全疑慮，因爲誰都不知道亂流何時會發生。當飛機無預警飛進了亂流區域時，在客艙裡未固定的所有東西，就成了自由體（Loose item），可能隨著飛機劇烈晃動而四處撞擊，嚴重的話更會讓客人受傷。

上課時，我常在腦海中回想以前坐飛機時，空服員服務的一舉一動，原來每個細節都經過設計、都有其道理。

為什麼滿分才及格？

第一階段受訓裡，所有和「服務」相關的考核，像是各種特別餐的種類、各種時段／類型／機型的送餐程序、餐車上的擺設、雞尾酒的調製、日英文服務用語等考試，甚至是複雜的免稅品銷售、結帳程序，只要達到九十分以上就算過關。

「服務」看似是空服員最大部分的工作，但就重要性來說，**空服員在客艙內除了要解決旅客的疑難雜症，最重要的是在飛機發生任何危及安全的狀況時，都能清楚地做出判斷，還要能夠肩負起維護旅客安全的工作**。因此，只要任何涉及到「安全」的相關考試，通過分數是「一百分」，而且只有一次補考機會。換句話說，就是不容許任何犯錯的空間。

爲何一百分才及格？這天，老師在「航空保安課」的時候，花了整整兩堂課的時間，連續播放歷年來世界上發生過的最嚴重「空難紀錄片」。除了國內的案例外，讓我印象最深刻的，是一九七七年荷蘭皇家航空發生的「特內理費空難」，至今是美國九一一事件前，總傷亡人數最多的航空事故。

一九七七年三月二十七日，在加那利群島的洛司羅迪歐機場（就是今天的北特內理費機場），一架荷蘭皇家航空波音七四七客機正準備起飛，但因爲機場漸漸被大霧籠罩，視線逐漸變差。

當時，塔台對機長發出了一個「起飛後航線的航管許可」，但是並沒有發布起飛許可，荷航機長以爲已經被授權起飛了，因此開始加速前進，副機長也通知塔台他們正準備起飛。或許是他的英文帶有濃厚的荷蘭口音，塔台也沒有聽清楚，只回答：「ＯＫ，待命起飛，我們會通知你！」

而機長竟然只聽到「ＯＫ」，以爲已經授權起飛，而且飛機已經因爲濃霧而延誤了好幾個鐘頭，如果再不起飛，一定會超過執勤時間，往後也會因爲更長的延誤而造成更多麻煩，因此飛機開始高速前進、強行加油起飛。

就在這個時候，汎美航空一架也是波音七四七的飛機，同時在跑道上滑行著，準備起飛。在能見度超低的濃霧之中，等到他們發現彼此時，爲時已晚，準備要相撞了。因爲在這之前，航班已經延誤太久，荷航機身加滿了油，實在太重，即使機長拚命拉高機身，還是無法挽救大局，引擎和機身底部直接撞擊汎美客機的機身。荷航飛機當場炸成了一顆大火球，機身瞬間斷成好幾塊。

而汎美航空飛機也摔在跑道一邊燃燒，殊不知消防人員趕到現場時，以爲那團黑煙只是在濃霧中、荷航飛機的一部分殘骸，延誤了二十分鐘才過去搶救。最後，大火到隔天的下午才完全被撲滅。兩架飛機相撞的慘重程度，造成五百八十三人死亡，登上民航史上死亡人數第一名的位置。

雖然紀錄片拍得很精彩，但播完之後，教室一陣寂靜，想想影片中遇難者離世前煉獄般的遭遇，都不是任何人可以預知到的，大家沉重地互看，心想，爲什麼要在我們上飛機前，讓我們觀看這一連串的悲劇？

若在關鍵時刻犯了錯，等同於把別人和自己的生命當作代價。看影片中那一連串的安全防護系統裡，每一個小錯誤都接連錯過被擋下的機會，原來緊急應變措施中的每個細節都是那麼重要，可見「一百分」才及格的要求，眞的一點都不過分。

追求一百分，比想像中還難

雖然我沒寫過報告，卻是班上補考次數最多的人。好像被詛咒了一種「錯一題魔咒」，該考一百分的時候，總是會錯那麼一題，我也實在不知道大家爲何記憶力都這麼強，可以在短時間內記住大量的內容。經過重重關卡後，雖說大家的精神都已經在耗弱邊緣，不過眞正的考驗開始是爲期兩週的緊急逃生課程。

緊急逃生課程在訓練中心的三樓進行，根據不同的訓練內容，每間教室都長得不一樣，還有一個個巨大的飛機模擬客艙（Mockup）和游泳池，用來做緊急訓練用。

游泳池設計爲模擬水上逃生的地方，訓練我們模擬上逃生船和落水的搶救動作，除了熟悉逃生船的操作及各種配備，不管會游泳，還是不會游泳，也都必須按照老師的指示游到岸邊。記得上落水課程時，我的假睫毛貼得不夠牢，立刻浮上水面，讓原本嚴肅到嚇人的老師，也不小心笑出來。

在Mockup裡，場景長得跟眞正客艙一樣，有乘客座椅、窗戶、組員座椅和各種緊急裝備，還有一個中控室，可以模擬各種不同的情境，包含冒煙、火災、亂流等。把各種危急狀況模擬得十分逼眞，更可以讓我們有身歷其境的感覺，學習如何穩住情緒、做出正確判斷。

但只保持冷靜，還不夠。緊急應變小組的每位老師都非常嚴格，他們的吼叫聲足以劃破天際，眼神也殺到讓我們不寒而慄，當我們被迫要從兩三層樓高的飛機上跳下逃生梯，即使再害怕，看著他們的眼神，也只有服從的份。

這段期間，我們不需要穿整齊的裙裝，而是穿上工作服接受訓練。我們隨身攜帶一本紅色書皮的小本子，裡面寫著滿滿的逃生口令，我們必須把整本口令牢牢地記在腦子裡，在老師下任何指令時，頭腦都能像膝躍反射一樣自然迅速的運轉。而且喊口令時，必須想像自己眞正在危急的狀況，所以大叫和狂吼是基本的。

我萬萬都沒想到，在這種逼人的狀態下，我居然緊張到在最後考核時，犯了一個大錯。

同學一語道破了我的最大弱點

那天是最後一次的重大考核，前一天晚上，全班幾乎沒有人能夠好好睡覺，全都在各自的家裡狂K書，還在線上的群組裡互相討論。我甚至在深夜裡關起門窗，穿著睡衣，站在床上，配合專業的指示動作，開始大叫各種口令，爸爸媽媽還在夢裡被我的大叫聲嚇醒。

隔天一早，我們到飛機模型裡集合，準備進行最關鍵的逃生考核。叫到我的名字時，我緊張地走上台。老師看了我一眼，清了清喉嚨，考試開始了。

「Airplane has come to a complete stop, Cabin crew, your duty is 1R, what is your action?」（指我當天的負責位子是一號右門。）

我回答：「Check out side condition...」（這個動作是要查看飛機外是陸地或是水）

老師「吼」出了情境題：「Water! Water!」

我心想：「一號門，落水！我背最熟的！」正準備使出我的拿手絕活。

「Check door mode in flight, take crew life vest...」

「Flight? Door mode in flight?」老師立刻打斷我，設法給我小小的暗示。他再次下了指令：「Cabin crew, your duty is 1R, what is your action!!!!」

我頓時在老師震耳欲聾的指令下嚇傻了，腦中一片空白，爆出了一身冷汗，前兩週熟背的口令也一時間全忘光。我心想：「天啊，就是那頁的口令啊，我怎麼都記不起來！」老師見我傻住，又問了一次：「What is your action?」。

我支支吾吾地擠出了幾個字，「Check outside condition, check... check... check...」

老師再也按捺不住脾氣了，破口大罵：「有沒有念書！妳給我下去！Fail!!!」

在所有同學面前被轟下台，我默默走回位子，飆出了眼淚，難過到無法言喻，我爲什麼這麼笨？會不會一切就這樣結束了？我會不會被轟出公司？

我難過地和同學閔閔、Yuli 和 Sue 訴說我的委屈，原本以爲他們會認眞地安慰我，告訴我一切都會沒事。沒想到 Sue 卻嚴厲地說：「以後妳再怎麼懊惱都不可以在老師面前哭，剛剛這樣犯了大忌，妳知道嗎？」

「可是我忍不住……」我難過地說。

閔閔接著說，「即使是被轟下台，再挫折再難過，眼神也要是積極的。妳哭，老師看在眼裡，不會同情妳，反而會覺得妳更沒有通過的資格。妳要記住，妳是來上班，不是來上學的。」

我眞的嚇到了，這幾位平常和我共患難、下課時嘻嘻哈哈吃飯、又一起努力念書的同學，這會兒講話怎麼這麼直接。過了幾秒，Yuli 拍拍我的肩膀說：「好啦！別想這麼多了！妳快多背幾次給我們聽，等一下要補考了。」

我看著他們，開始反問自己：老師這麼兇，是爲了什麼？難道眞心想要傷害誰的自尊心嗎？爲了訓練我們有足夠的資格上飛機、在未來必要時，拯救客人和自己的性命，難道還需要好聲好氣的、輕聲細語的教導我們嗎？

要融入新環境雖然不是一件容易的事，但我們畢竟踏入的是職場而不是校門，每個人都有自己份內的任務必須完成，不能期盼任何人可以因為自己的幾滴眼淚而心軟，一切都只能為自己負責。換上制服那一刻，就必須把所有的悲傷藏匿在面具之下。

飛機是非常安全的交通工具，歷年來的致命事故率也是以幾萬分之一計算，但若是不幸碰到事故，飛機對多數乘客來說，都是多麼陌生。他們只能依靠我們的專業指示，才有可能在危急時保護自己的性命。做到一百分才能通過的空服訓練，對我們要求的就是對工作完美的執著，任何狀況都必須全力以赴，甚至碰上令人驚險、緊張的狀況，都要化險爲夷，我想，這就是不容許犯錯的航空精神。

補考結束後，老師們先是預告我們：「班上有人沒通過，將被退訓。」並要我們在下午三點鐘到某飛機模型外集合，公布考試結果。

我們每個人都戰戰兢兢地走過去，即使大家知道今天是最後一天了，仍都不發一語，心情十分沉重。大家都想著，度過了水深火熱的受訓期，每天都睡不到四、五個小時，壓力大到破表，沒想到，大家還是無法一起畢業，而且每個人都生怕那個即將被退訓的人，就是自己。

這時有兩台推車推了進來，上面擺著兩個巨大的蛋糕，兩位老師和學員長看著我們每張發臭的臉，頓時哄堂大笑：

「你們被整了！恭喜你們！全班順利畢業！」

我們紛紛站起來尖叫，哭著和老師一起激動地擁抱。老師也擦擦眼淚，感動地問：「爲什麼有種嫁女兒的感覺？」我們全班圍成一圈一起慶祝，還把奶油塗在對方臉上。

這段日子，全班一起努力，有笑聲也充滿眼淚，不管怎麼辛苦，大家都這樣一步步走過來了。一切的心血和代價，我們都付出了，也都努力得到了。

PART II

機艙裡的社會學

04

以為一輩子都遇不到的轉降

遇到再怎麼大的亂流、碰到再怎麼危險的狀況，我們都必須拿出最專業的那一面，保持鎮定，因爲除了要把客人安全地送到目的地，更重要的是，要把「平安」送進他們的心裡。

進入空服業的這段時間，浩瀚的天空並不平靜。二〇一四年三月，馬來西亞航空的MH370 客機失去聯繫，到了七月，同樣是馬航的 MH17 航班又被擊落；復興航空於二〇一四年在澎湖發生空難，到了二〇一五年，又有一架飛機墜落於基隆河中……

這些事件中的好幾位受難組員，都是同事在前東家的工作夥伴，大家都一起對遇難組員祈福，也對彼此加油，畢竟再害怕，還是要硬著頭皮上班。幾年中，每次得知哪裡又「掉了」哪架飛機，就會讓空服員心碎一次，也嚴重影響上班的氛圍。不只如此，連我們親愛的家人也會因此感到擔憂，不知孩子這次出門後，會不會平安回家？

這讓我想起了剛上線的一個小故事……

第一趟考核任務就不平靜

二〇一三年十一月十四日飛台北往返日本高松，這是我的 738 機型「OJT任務」。

OJT 是試用期空服員的第一趟考核任務。

在受訓期間，我們對所有裝載、流程的印象都只能靠記憶和背誦，再怎麼熟悉，都只是

「紙上談兵」，即使有一次機會可以上飛機看看，但也是要等到修護工廠剛好有進場維修的飛機，才能讓我們這群菜鳥上飛機看兩三眼。

因此，第一趟任務對任何試用期組員都是非常重要的，因爲這是我們第一次把書本的內容和實務接軌。最令人緊張的是，在一切都不熟悉的狀況下，需要由客艙經理評分、塡寫額外的制式表格，再交回空訓部，成爲我們能否進入第二階段訓練的關鍵之一。

出任務前，我腦中不斷反覆背誦緊急逃生口令，複習服務流程，還要打起十二分精神，化好妝容、綁好整齊的包頭，記得我幾乎噴上了整罐髮膠，只希望讓客艙經理有好印象，不要把分數打得太低。

738飛機是公司最小的機型，那天連同我共有五位組員。記得那趟組員全都是天使級的，

全體空服員的領導者：客艙經理

航班中，是除了機長和副機長外，最重要的決策者，也是全體空服員的領導者，過去被稱作「座艙長」。

連客艙經理也是位溫柔有氣質的「大天使」。

那天整班飛機都是非常有規矩的日本人，服務過程非常順利。更幸運的是，那天的姐姐們都包容我的不熟悉，在努力教會我之餘，還不斷地鼓勵我，告訴我下次怎麼做會更棒。我心想，天啊，我就要在這溫馨的氣氛下順利度過第一次考核了，眞是天助我也！

快抵達高松時，機長突然間打了電話到後艙，告知我們，高松機場現在起了霧，辨識度不佳，可能無法準時降落。

機長在電話中也請我們放心，因爲飛機在出發前已加了備份的機油，但在盤旋過程氣流會非常不穩定，希望我們可以在安頓客人綁好安全帶後，乖乖坐在空服員座椅（jump seat，又稱「客艙組員座椅」，空服組員在起飛、降落、不穩定氣流時的固定座位，均備有安全帶、肩帶、組員救生衣等緊急裝備）上，以保安全。

因此，客艙經理提前做了 cabin crew complete safety check（機組人員完成安全檢查）的廣播，提醒我們按照規定做安全檢查，檢查客人安全帶是否繫妥、行李是否有擺在正確的位子等等。

對姐姐們來說，「盤旋待命」、「氣流不穩定」似乎是稀鬆平常的名詞。但對我來說，光聽到這幾個字眼還是快嚇死了。日本姐姐（日本籍組員）一派輕鬆地說：「大丈夫だから、心配しないで～」（安啦安啦！別擔心！）

我們走回位在機尾的廚房，各自坐定位、綁好安全帶，盤旋開始了。

機長打了「兩響」，提醒組員這是中度以上亂流，必須小心安全。經理把客艙燈光調暗了，在黑暗中，我聽到旁邊兩位姐姐還很自在地用日文聊著天。

我漸漸感受到氣流的不穩，並開始隨著機身晃動，愈晃愈大。突然一個瞬間，我覺得自己好像被什麼極限遊樂器材甩上去！然後，又瞬間被安全帶勒回來，我們就這樣被飛機來來回回甩了好幾次。

爲了保持專業，加上必須掩飾菜鳥的恐懼，我只能用雙手緊抓座椅邊緣，抓到整個手心都濕了。我心想，媽呀，我平常連六福村的大怒神都不敢坐了，這分明是想逼死我！

在這黑暗中，隔著一個走道的日本姐姐，牽起我的手，用很溫柔的聲音說：「接接～空

什麼是打兩響？

這是客艙裡的警示機制，指示燈一響代表輕度亂流，兩響則是中度（含）以上亂流，這時組員必須停止一切服務，完成檢查後立即就座。

服員要比客人更勇敢，對吧？」

我們總共多盤旋了一個小時，在這之中，那用力的「甩動」不時地發生，直到最後，終於慢慢緩下來了。

第一次上機出任務，上帝教我的一件事

氣流慢慢地緩和後，機長廣播通知：「由於高松起濃霧無法降落，因此我們即將轉降大阪關西機場。」想必這時客艙內的日本客人還是十分害怕、徬徨，直到機長用日文廣播解釋後，我們才聽到一陣歡呼和鼓掌。

平安降落後，一位日本老爺爺牽著臉色蒼白的老太太：「剛剛我們的袋子都用完了……」我們立刻將廁所「解鎖」，方便老太太進去嘔吐、處理，也送上溫熱的開水和濕紙巾。過了幾分鐘後，老爺爺用日文慢慢地說：「真的非常謝謝你們，你們辛苦了……」並牽著老太太離開。

落地後，我們住進了飯店，大家立刻拿起手機和家人報平安。在飯店人員忙著幫我們辦

理 check in 時，我們開始聊起剛剛驚恐的過程。機長說，出發前看天氣預報，就知道會是一個困難的落地，沒想到高松的霧在瞬間濃到無法落地。

突如其來的過夜班讓我不知所措，幸虧有姐姐的過夜包和日圓相救，我才能有免洗的換洗衣物和用具可以度過那一晚。姐開玩笑地說：「我飛了八年，碰到亂流是家常便飯了，但轉降還是頭一遭。」

這是我第一次帶任務上飛機，也因爲這突如其來的轉降，「賺到」了第一個過夜班。我和姐姐們在「松屋」餐廳吃了簡單的咖哩肉排飯，到便利商店買了簡單的三明治和紅茶。經過落地前的驚恐，姐姐們黑眼圈已經又黑又沉，我倒是因爲第一次「賺到」過夜班，而感到無比新鮮。

回房間後我脫下制服、簡單地洗了澡後，看著空空的行李箱，正疑惑自己是否該裸睡時，看見衣櫥裡有一件簡便的浴袍。躺在床上，盯著天花板，回想過去幾個小時所發生的事情，心裡一陣輕鬆。

我想到在這惡劣天氣中的完美落地，忽然對駕駛艙裡的兩位機長感到無比佩服。我想，我們公司飛行員的飛行技術一定是沒話說的，但他們如果在飛行前無法得到充分的休息，才會是整個過程中最大的風險。

一趟旅程前，或許有一個普通到不行的道別，之所以會普通，是因爲我們彼此都相信一

轉降後入住的關西機場飯店，機組人員正忙著和家人報平安。

定很快就能夠再相聚。

在盤旋的那一個小時裡，每個碰到可怕甩動的瞬間，想必大家心中都是在對上天祈求可以平安回家。

我們可能都認爲人生很長，但生命無常，不是我們是否用了無限的想像來嚇唬自己，但總是要等到我們眞正認爲自己身陷在危險之中，才會驚覺生命隨時會被畫下休止符，感受到過去以爲的「來日方長」是多麼可笑。

人只有在「可能失去」的恐懼之下，才會知道什麼是惜福、感恩，在生死之前，人總是最渺小的。

有時候，我們都忽略了，原來災難可能離我們才幾步遠。

正因爲如此，當我們遇到再怎麼大的亂流、碰到再怎麼危險的狀況，都必須拿出最專業的那一面，保持鎮定，因爲**除了要把客人安全的送到目的地，更重要的是，要把「平安」送進他們的心裡**。平安就是福，此言不虛。上帝在我第一次上飛機時，就教會了我這件事情。

05

一碗難忘的機上擔仔麵

我相信妳老闆今天對妳的態度讓妳覺得被羞辱，但她或許是想讓妳知道，反應不夠靈光、不懂得化險爲夷，會讓妳往後的工作很辛苦。

剛上線時，不少哥姐這樣爲我們打氣：「妳飛行生涯中最痛苦的，應該就是受訓的這三個月了，熬過去就是妳的了！」

掛著「見習員」名牌的這段時間，每天都活得戰戰兢兢，很像得來不易的志業隨時會被拔除一樣，每雙眼睛都盯著妳看，所有的儀態和笑容，都成爲客艙經理評鑑的關鍵。也正因爲愈在意的事情，往往愈容易失去，對我這個職場菜鳥而言，若對我施加壓力、讓我的神經緊繃，我出錯的機率就會增加。

對菜鳥來說，最可怕的不是犯錯，而是自己的弱點被一眼看穿，也就是台語的「看破手腳」，這讓犯錯不只是犯錯，反而開啓了一條看不到終點的責罵之路。看在前輩眼裡，不再只是一個出小錯的組員，而是個徹底的笨蛋。

一趟飛往鄭州的航程中，緊張地發抖的我，就是那個徹底的笨蛋。

小菜鳥遇上超嚴格主管

那天的客艙經理是出了名的嚴格。她年約四十多歲，梳著小包頭，雖然妝容簡單乾淨，但她的眼神可是殺到嚇死人。聽說她做事不只嚴謹，還會在機上猛抓著見習員考問問題，隨機考試，打分數時完全不手軟，若不幸被她盯上，就準備被 kick out（解雇）吧。

出任務前，在簡報室進行任務簡報時，她已經先問過我一輪問題，通常礙於時間限制，經理都只會針對投影片上的題目提問，或是頂多針對「當天的機型」出考題，像是各種狀況的口令抽背（例如：當飛機落水、鼻輪斷掉，或是重擊落地等各種情況），或是各類打火常識（像是鋰電池起火的處置步驟等）。沒想到，她居然請我站起來，示範另一個機型的口令。

這一出招，我趕緊站到台前，開始示範起逃生口令，她不但隨時變換情境，在我稍微猶豫的每個時刻，她都用一種隨時要殺死我的眼神看著我，用著尖銳的口氣問我：「眞的是這樣嗎？」「妳的老師都這樣教嗎？」而我也看見，台下姐們多麼想用唇語暗示我，卻又怕被經理責罵而退縮，我一邊支支吾吾地念完口令，一邊感覺自己手掌心出了汗。

即使任務前，我讀了一整天的書，也在巴士上猛 K 書，但要記的東西眞的太多，我還是忘了很多細節。

上飛機後，組員的準備工作非常繁雜，必須進行所有準備工作：準備熱茶、咖啡、糖奶精分裝、便利包就位、摺麵包布、分裝冰塊、清點全車免稅品、檢查預定商品數量、整理洗手間內所有補充品、捲筒衛生紙摺三角形、插耳機、準備枕頭毛毯之餘，還必須百分百地做好所有和「飛航安全」相關的檢查，例如：艙門、安全帶、示範影帶、座位上方行李櫃檢查等，而且所有項目都有規定的檢查步驟和動作，若要高效率地確實完成所有的項目，除了十八隻手之外，還需要十八雙腳，因為這些項目不是可以在一個定點完成的，而是要整台飛機前後跑！

那天，經理已經盯上我了。她不時地從商務艙走到經濟艙來監督我的工作，而且「只監督我一位」。我想其他姐應該覺得很慶幸吧，跟這位經理飛會很緊張，還好有我這個新來的，可以成為她的關注對象。

最可怕的是，回程時的商務艙客人極少，經理居然走來經濟艙「指名」要和我一起工作。我們把一台車一起推出廚房，開始服務。即使我是那麼地緊張，還是要綻放出笑容，發揮在地面上訓練的所有服務技巧。經理在服務過程對我非常不耐煩，也毫不避忌地在客人面前兇我。斥罵我時，她從未直接給我正確答案，而是不停地質疑我：「妳這樣做是對的嗎？」「真的是這樣嗎？」甚至在走道上要我拿出CCOM（超厚的一本客艙組員手冊，是我們的工作聖經，裡面詳細記載所有工作細節和流程），一字一句地把正確答案念出來。

賣免稅品時，她也指名要跟我一起推車，請原本陪著我販售的組員進廚房休息。大家應該無法想像，空服員免稅車「車面」上放的所有商品，什麼位子要擺什麼東西、擺多少個、怎麼擺，都有制式的規定。經理先是站在我旁邊看我準備車子，繼續用她的那幾個金句問我：「地面上是這樣教的嗎？」「妳到底有沒有受過訓練呀？」她每問一句，我就遲疑一下，懷疑自己到底做錯了什麼？

記得那趟是大陸班，機上菸品除了一般的十多種，還多了號稱中國市場上銷售額最高的香菸品牌「中華菸」。那天中國客人又不少，因爲我們賣的中華菸又比他們當地還便宜，客人爭先恐後地購買，還詢問很多比價的問題、稅的問題、刷卡的問題，經理從頭到尾都撐著下巴看好戲，感覺就是期待我會做出什麼蠢回答。

充滿委屈、挫折滋味的擔仔麵

我記得讓經理當班眞正爆發的，就是這個時刻。

一位客人詢問我某種菸品的價格，即使我原先倒背如流，連各種菸品的生產地都背熟了，但當下我腦筋一片空白，趕緊拿出車內的菸品價目表，想在第一時間掩飾我的不確定。沒想到經理在客人面前開始大發飆：

「妳到底有沒有帶腦子來上班啊？妳上線多久了？」

「經理……我上線兩個星期……」

「兩個星期，妳連菸的價格都沒有背熟，還敢上飛機喔？」

「經理對不起，我下次會記住的。」

她面紅耳赤繼續咆哮：「妳今天的表現從頭到尾都讓我很傻眼欸，頭腦這麼不靈光還想當空服員嗎？問個問題，表情心虛成這樣，我想妳乾脆回家不用做了。」

我忍住淚水，和經理認眞道歉，並完成了那筆交易，然後，趕快蹲下身來，假裝要找某樣商品。其實，我只是想暫時離開經理的視線，偷偷把快掉下來的眼淚擦掉。

免稅車推回去了，經理開始在廚房大罵我，一旁的姐雖然想幫我說話，或是順手幫我整理商品，但經理像是情緒爆炸一樣，要所有的姐都離我遠一點，要求我獨自完成。

她雙手抱胸，站著三七步問我：「妳大學讀什麼系的啊？」

「經理，我大學念會計……」

「原來念會計的人，頭腦都這麼不清楚喔？」

我沒有回答她，默默地繼續做手邊的工作。我看兩個姐在一旁不發一語，卻一邊默默幫我準備組員晚餐，不時丟給我一個關懷的眼神。那晚，我是最後一個吃晚餐的，晚餐是道地的擔仔麵。

那份擔仔麵餐很豐盛，餐盤上除了有漂亮的大瓷碗，旁邊還有醉雞片、醃漬鴨賞等精緻小菜，熱湯則是用大的保溫瓶裝著。我心想，這份好吃的組員餐應該是拿來犒賞我的吧……

麵條放入瓷碗裡前，是放在一個鋁箔的盒子內。我打開鋁箔盒子時，卻被旁邊的小菜吸引，因此筷子伸到小菜盤中，準備要夾那一片圓形的醉雞。

沒想到旁邊這位經理居然這麼說：

「欸，李牧宜小姐，眞的不是我愛念妳，我第一次看到有人擔仔麵吃乾的欸！妳眞的是台灣長大的嗎？」

我還沒反應過來，她接著對隔壁姐說：「欸，妳知道嗎，我姪女最近要考大學了，我想，到時候，我還是叫她不要塡會計系好了，哈哈！免得愈念愈笨。」

聽到她這句話，實在忍不住自己的眼淚了，我默默地對經理說：「經理，我是打算吃完小菜再倒湯的。」然後放下筷子，拉開布簾走出廚房，原本打算到外面透透氣，但看著滿滿的客人，我提醒自己不可以失態，便走進一間廁所，鎖上門，開始哭泣。

我不知道爲什麼連吃個擔仔麵都要被罵，難道跟工作不相關的內容，都要被責難嗎？我才上線兩個星期，難道我的表現眞的這麼差，需要得到這種羞辱嗎？我甚至想著，她的姪女如果最後當不成會計師，是不是我害的？這份工作……是不是不適合我？還是我智商眞的太低了，那這樣我被退訓後，還找得到工作嗎？

我看著鏡子中的自己，擦擦淚水，紅著眼睛，想不出任何一個解答可以回答以上的問題，我只想：「妳哭兩分鐘了，該回去了。」

回到廚房後，經理已經不見人影，我想，或許回到商務艙廚房和資深姐姐道我的長短了。一位姐先是搭著我的肩，另一位仔細看著我的雙眼：

「沒關係啦，經理個性就是這樣。」

「對啊，她特別愛盯見習員，沒事的，就要降落了！」

「快吃吧，免得湯涼了，妳肚子應該很餓了吧？」

姐的安慰更是激發了我內心的難過，我笑笑地點點頭，謝謝姐姐們的關心，也不敢再掉下眼淚，免得經理突然又進來撞見，然後再度製造一個被當作笑柄的理由。那碗我期待的擔仔麵，吃起來不但沒味道，更是充滿委屈和氣餒。

下班後，我把菸酒袋（放滿紙鈔和收據的信封紙袋）黏好，也結完帳，走到免稅品繳帳櫃檯，等經理過來簽名。

看到經理時，我仍禮貌地對她笑笑：「經理，三包菸酒袋。」

她斜眼看了我一眼：「帳有算對吼？會計系的。」

我點點頭：「有的。」

她便拿下胸前的筆簽完名，算了菸酒袋數量，叫我投進櫃檯箱子中，拉著箱子離開了。

從看似挫折的情境學會的一堂課

在回家的路上，我耳朵裡塞著耳機，開始聽起抒情音樂，希望可以放鬆心情。但傷神時聽任何音樂都會變得悲傷，我一直想著今天在飛機上發生的事情、想著經理的姪女、想著那碗擔仔麵。

進門時，已經晚上十點多。我提著箱子進房間，關起門來，終於受不了一路的委屈，便開始埋頭大哭。

房門悄悄打開了，是剛從醫院回來連西裝都還沒脫下的爸爸，他手上拿著一盤切好的水果，有芭樂，還有鳳梨。

「怎麼啦，今天上班不開心嗎？」

「爸，我真的智商很低嗎？」

「哈哈哈，怎麼會呢！怎麼了？跟爸爸說。」

我把整天發生的事詳細形容了一遍，雖然過程中，包含太多工作術語，他好幾度聽不懂想問，但看我哭成淚人兒又不忍心打斷我，他靜靜地聽著，直到我把整個故事交代完畢。

「妹妹，如果我說妳的老闆（指客艙經理）說妳笨笨的，一點都沒有錯，妳會生氣嗎？」

我不爽地回答：「會。」

他繼續說：「我不知道她是不是眞的想羞辱妳，或只是想敲醒妳。但其實她說妳很笨，不是眞的在罵妳智商低，只是在評論妳工作時，外表給人的感覺。」

「妳兩個多禮拜前才剛開始飛，對很多事情不熟，人家一挑戰妳就擺出心虛的表情，所以老闆才會說妳看起來很笨啊。」

我難過地回應：「爸，我才上線兩個禮拜……我也不想要給人笨的感覺啊。」

他笑笑說：「**人都會因為『不熟悉』而看起來很笨，然後對一件事情『熟練』而看起來很聰明**。熟悉一樣事情，除了嘴巴可以講得頭頭是道，散發出來的樣子也會是有自信的。妳老闆責罵妳的不是妳的笨，而是妳的不熟悉。」

「我在診間看診、在開刀房開刀時，身邊的學生或是護士如果是新來的，我也會不耐煩啊，因爲這完全會打亂我工作的節奏。有些節奏被打亂、事情被拖延是不能被接受的。我相信妳老闆今天對妳的態度讓妳覺得被羞辱，但她或許是想讓妳知道，**反應不夠靈光、不懂得化險為夷，會讓妳往後的工作很辛苦**。」

我不服氣地說：「那……擔仔麵呢？她爲什麼要針對我的擔仔麵？我就算要吃乾的，也不干她的事啊！」

爸大笑，一邊鬆開自己的領帶。「如果她針對妳工作上的不熟悉而責罵，我覺得很合理；但有些主管就是會針對微不足道的小事發脾氣，既然妳心裡都知道擔仔麵這件事不合理，何必再爲了這種事傷心咧？更何況，妹妹妳知道嗎？爸爸眞的很羨慕妳。」

「爲什麼羨慕我……？」

「妳要去珍惜這份工作的優點。妳想想，如果今天是一般上班族在辦公室跟妳受了同樣的委屈，也跟妳一樣現在回家哭，然後明天呢？他明天會遇到一樣的人，同樣責罵他、甚至是羞辱。」

「爸，你的意思是……我們這份工作最幸福的就是，任何情緒都可以留在飛機上，不要帶下來嗎？」

「沒錯！所以爸爸很羨慕。」他接過我手上濕漉漉的衛生紙，「好了，也不早了，趕快去洗澡吧，明天又是全新的一天。」然後起身，笑笑地離開我的房間。

和爸爸簡短的對話過程，在我這個小菜鳥的心中，建立了一個大啓示，空服員這份工作最獨特的，不是什麼環遊世界，而是沒有所謂的「後顧之憂」啊……

身爲空服員，今天的任務結束了，就可以在檢討完自己的表現後，記住該記住的、放下該放下的。等到明天上班時，又是新的航班、新的任務、新的挑戰，經理又是另一位，客人也都不一樣。在這個前提下，何必在下班後，一直爲上班的某件事、某個人傷神呢？我還在抱怨什麼？這才是別的工作都沒有的，更是我最該珍惜的。

我看著父親的背影，也告訴自己，在職場上，會有很多人用對工作的熟悉度來評價別人是聰明還是愚笨。所以有一天，我一定會因爲熟練變得「不笨」、成爲客艙裡一位專業的聰明人。

【後記】

後來，過了試用期，也熟悉工作內容後，我和這位「擔仔麵經理」飛了好幾次，也一起飛過長班出去遊玩，發現她是一個非常友善的人。或許她不記得多年前和我有過那一段曾經，但這段故事對我來說，卻非常重要，因爲這是我踏入社會後很重要的第一課。

來自地獄的廁所

許多人對空姐在機上的工作充滿好奇。除了服務乘客、送餐點、賣免稅品、做好安全檢查外，還得做機艙的清潔工作，清馬桶也是其中一件。只是，有一回的經驗非常令人難忘。

住在溫哥華的印度人非常多，所以大多數的溫哥華航班，都可能被印度人坐滿。我常常被他們的搖頭、點頭、晃頭晃腦搞得頭暈目眩，小誤會笑笑就算了，但我還曾經把印度客人徹底惹毛。記得那次是因爲，我不斷給他那個他不想要的東西，讓他以爲我是故意的，最後還起身想揍我。

但服務印度客人，最精彩的不外乎這次了⋯我清了整間廁所的「印度屎」。

那天是情人節，雖然無法和男友一起度過，但上班前他特地跑來送了我小小的禮物，所以上班心情特別好。第一頓餐送完後，事務長開始安排大家的休息時間，分成第一及第二兩段輪休，記得那天我被分配到第二段。

燈熄了，姐姐也去睡了。我先是哼著歌，東摸摸西摸摸，把廚房整理得乾乾淨淨，再戴上塑膠手套，拎著打狗棒（組員在機上拿來壓垃圾的器具，是由報紙捲成的柱狀物）用輕快的跑跳步，前往責任區打掃廁所。

看到門上呈現綠色，但爲了防止闖入看到忘了鎖門、光溜溜屁股的客人，我還是敲了敲門。

扣扣！

扣扣！

咦！有人應門耶，代表裡面有人！我站在門外，踩著帥氣的三七步，繼續哼著歌，瀟灑地等待。

過了不久，門打開了，是位下巴吊著大白鬍子的印度老阿山走出來，我看著他，心想：「哇！是阿拉丁的阿公耶！」接著給他一個笑容，就是那種空服員的專業甜美微笑。阿拉丁的阿公看了我一眼，表情有種舒爽的感覺。我突然有種不祥的預感，但身爲專業的空服員，我依然甜美地笑著，直到他離去。

接著看到的畫面……讓我整個表情硬掉……

眼前是一片的黃澄澄，馬桶裡是滿滿的、土黃色的排泄物，洗手槽，也是滿滿的大便……而且是拉肚子款。想必他是發現馬桶不夠大，再起身往洗手台上坐。我突然想到姐姐之前的玩笑話：「有些客人就是看到洞就拉啊。」

Hindu Granpa, did you actually shit in the sink...? 我簡直無法相信自己的眼睛，阿拉丁，你知道你阿公在飛機上的洗手槽……大便嗎？爲什麼要在洗手槽啊！我的媽呀！想逼死我嗎？

我崩潰地衝出去，先是從門外把廁所鎖上，再走進廚房，喝了兩杯咖啡，鎮定自己的情緒，我告訴自己：「李牧宜，妳要冷靜！」

穩定心情後，我戴上五層手套，拿了剛煮好的兩壺咖啡，手腕掛上一個大袋子，裡面有一支商務艙叉子、半條紙杯、三包剪開的咖啡包，以及一整包未拆封的 paper towel 和濕紙巾，戴上兩層口罩（如果可以的話，我也很願意多戴幾層浴帽）。

我走到這間來自地獄的廁所，深吸一口上等的客艙新鮮空氣，接著打開廁所，把馬桶蓋上，沖走了馬桶中的大便，擦了馬桶蓋上的殘餘。再打開馬桶蓋，倒入一整壺咖啡，一來是可以除臭，二來順便洗刷掉那些排泄物中的「殘餘物」。

我把頭探出廁所外，補充氧氣。

突然間，我看到有客人在廁所外排隊，爲了不讓大家花時間等這間「不知道何時才可以上到」的廁所，更不想讓大家看到我在廁所內清屎的狼狽畫面，我只好做一件很偉大的事情：「把廁所反鎖」，打算獨自在廁所裡的 poo poo spa 中奮鬥。

接著要處理 poo poo in the sink，以下有些細節我即將省略，但總之，我快崩潰了。看著快滿出來的洗手槽，就知道它已經堵塞。因此我必須派出紙杯，把這些 hindu poo poo 一杯一杯撈出來，倒進馬桶裡。等到 poo poo 差不多被撈光，再一次把它沖掉。叉子的用途可就有趣了，洗手槽爲什麼會堵塞，就是因爲有渣，所以我必須利用叉子以及偉大的槓桿原理，把蓋子挑起來，再細細地清洗。

最後除了用濕紙巾、厚的擦手紙把廁所擦乾，復原本來的樣貌，我還從口袋拿出準備好的便宜香水，東噴噴、西噴噴，把這個空間從地獄廁所恢復成原有、該有的氣味。我把手套拆掉、口罩脫掉，丟進垃圾桶中。

戰鬥了半小時，我開了門，走出戰場。此時發現阿拉丁的阿公就坐在廁所旁的位置。我疲累的，給他一個微笑，心中應該也默默地給了他八千根中指。

後來我和同事們分享這個故事，大家都很激動地問我：「爲什麼不直接貼上故障貼紙就好？」聽了這番話我也好懊惱，但當時天眞的我，只認爲當時飛機才剛飛不久，還有快十個小時的航程要飛，對客人來說，少一間廁所差很多。

如果還有下一次，我想，與其搬這麼多器具，又是咖啡壺又是叉子紙杯的，不如……就拿一張故障貼紙吧！

06

飛機上免費的「教育」學程

有時會覺得客艙像是個小社會，任何微小事情都值得成為可細細咀嚼的小故事。
飛機上失控的孩子很多，但同時，失能的家長也很多。尤其是那些帶著嬰兒的父母特別辛苦……

常被問這個問題：「在飛機上工作，尤其是飛越洋線時，除了服務、輪休，其他時間不會很無聊嗎？」

若眞要條列式的把我們飛機上的工作寫下來，那可眞是數不清。但很多時間（尤其是長班）我們必須守在廚房或空服員座位（Jump Seat）上，又是在執勤時間，不能閱讀跟工作無關的報章雜誌，所以我們很常花時間在眼觀四方、左顧右盼。

這左顧右盼可是個學問，除了觀察客人狀態，有時會覺得客艙像是個小社會，任何微小事情都值得成爲可細細咀嚼的小故事。一般來說，在客艙裡我最喜歡的莫過於：觀察別的父母怎麼和孩子相處。也算是給自己一個參考吧！畢竟……或許有一天，會走上結婚生子這條路。

「失能」的家長不少，但他們沒有錯

飛機上失控的孩子很多，但同時，失能的家長也很多。尤其是那些帶著嬰兒飛行的父母特別辛苦。

有別於大人可以流暢地用言語表達，對於還不會開口說話的寶寶們，只能用哭聲來表達身心上的任何不舒服。每當嬰兒哭鬧不止時，客艙裡就容易上演「空中災難」，除了和家長盡力安撫孩子，也必須適時地安撫周邊客人的情緒。

我永遠記得，曾在從洛杉磯飛往台北的班機上，聽見一陣嬰兒哭聲劃破了黑暗靜謐的客艙，而這一哭，就是幾小時不停。抱著嬰兒不停安撫的，是一位無助的老婦人。當時不斷有客人按服務鈴悄悄向我們詢問，並希望我們盡快做處置，「不然這一鬧，大家都不用睡了。」但那天碰巧經濟艙組員都很年輕，大都沒有帶寶寶的經驗，除了發放耳塞外，我們也束手無策。

眼見客人一個個被吵醒，最後我們只好請婦人帶著嬰兒進廚房，雖然簾子拉起來，哭聲依然非常宏亮，但至少我們可以輪流抱抱他，或一起想想辦法。

姐拿出了手機，開始在孩子耳邊放水晶音樂。這位焦急的老婦人在旁邊拿著衛生紙一邊幫孩子擦眼淚，一邊跟我們說，她是孩子的奶奶，獨自帶小朋友回台灣和爸爸媽媽團聚。原本上飛機時都很安靜，殊不知飛機起飛後就開始不舒服，做奶奶的早就忘了育嬰的方法，實在是不知如何是好。

看著心疼又自覺失能的奶奶，我也有點想哭。

她無奈地說，「吵到別的客人我也很抱歉，但我真的不知道怎麼辦……」

我們安慰她：「沒關係啦，艙壓和油味本身就會讓人很不舒服，更何況是寶寶！而且長時間在幽閉的空間，又要跟陌生人靠這麼近，你們都辛苦了。」

好在經過了一個多小時的安撫，寶寶才慢慢沉睡。我陪著奶奶回到座位，她臉上滿是歉意，在回座位的路上對旅客一個一個點頭表達歉意。我看到幾個閱讀燈下的客人，臉上掛著一個個黑眼圈，但也都沒多說些什麼。只是把眼罩戴上，繼續設法回到夢鄉。

身為旁觀者，我除了心疼這位無助的奶奶，更是格外佩服這些不發一語的乘客。帶著孩子旅行本身就不是一件容易的事情，更何況是個還不懂團體生活的嬰兒，如果當時出面喝斥，恐怕只會增加這位奶奶的壓力，對整件事的處理完全於事無補。

當時看著沉睡的寶寶、精疲力竭的奶奶、眼圈發黑的乘客，我們這群累到不行的組員一時感到有股暖流經過，也終於笑了。

弟弟，你的包包不應該自己背著嗎？

有次，我飛了一趟台北—吉隆坡，記得那天客人不多。登機時，有一家人扛著大小行李上了飛機，成員包括祖孫三代：阿公阿嬤，爸爸媽媽，以及一個小弟弟。我會特別留意到這個家庭，是因爲這位小弟弟胖得好可愛。

我一直對小弟弟笑著，小朋友期待旅程的神情，很容易感染到我，畢竟對我們來說，旅行是工作，對他們來說，卻是得來不易的機會。

但就在關機門的前一刻，坐在面前的阿嬤用台語慌忙地說：「我找不到弟弟的小背包，怎麼辦？」

通常機門關閉後發生的任何狀況，都會讓我們很緊張，因爲關機門前若是有任何需要，空服員都可以直接和地勤聯繫，但關了機門，一切都只能靠駕駛艙了。

看著她慌忙的神情，當下我只想盡力幫忙找到東西。我毫不猶豫地細細詢問，例如背包的顏色、樣式，以及可能掉的位置。

她說一定是掉在候機室裏靠廁所的座位下，是個紅藍相間的小背包。阿公阿嬤不斷強調：「裡面放著很重要的東西！」

我不禁懷疑，如此重要的東西，怎麼會放在小孩的背包裡？

儘管如此，我還是撥了電話給客艙經理，他仔細聽了後告訴我：「現在飛機準備起飛，駕駛艙作業程序非常繁忙，起飛之後，我會和機長做聯繫。」

「好的，收到！」

掛了電話後，我回頭看，小弟弟完全沒意識到自己包包不見了，還開心地笑著。而旁邊的阿公阿嬤仍焦急地看著我。

在得到回覆之前，我不可以擅自叨擾客艙經理，畢竟飛機起降是整趟航程最重要的階段，因此在等待的過程中，我只能盡力安撫老人家的情緒。

平飛不久後，機長給了回報，對我們說，地勤人員接到電報後，已經派人找過了候機室，並未尋獲任何紅藍相間的背包。

我據實向阿公阿嬤解釋，表示我們眞的盡力了，眞的很抱歉。阿公阿嬤看見我們熱心幫忙，也感到很不好意思。

我不禁好奇地多問一句：「請問背包裡到底放了什麼貴重物品？落地後需要通報警察嗎？」而他們的答案讓我傻住了：「是在機場幫弟弟買的玩具飛機。」

先不論這玩具的價値有多高，因爲「價値」不能用價錢衡量。但我很想問，包包是弟弟的，難道他不知道自己的包包要自己背嗎？

快降落時，小弟弟終於意識到自己的背包不見了，開始哭鬧、尖叫：「你們剛剛不是拿著我的背包嗎？都是你們害的！害我的玩具不見了！那是我的東西！你們怎麼可以這樣！」

結局就是個躺在地上吵鬧的小孩，以及拚命對孩子道歉的祖父母。大家可能很好奇整個過程，爸爸媽媽做了什麼：Nothing…

這讓我想起自己的童年。

教小孩負責任的真實義

就近讀小學的我們，都習慣媽媽代送東西。如果上學忘記帶什麼課本、學用品，只要排隊打電話給媽媽，媽媽就會送過來。

李媽媽卻從不做這件事。她不願意、也不允許自己成爲「代送母親」。

從小媽媽都是以一種「冷血」的態度教導我如何爲自己負責。小時候不懂事，認爲媽媽都不像其他母親一樣疼愛我們，爲什麼不救我？害我被老師寫聯絡簿，害我沒材料上美勞課？她總是冷冷地說：「沒有人害妳，是妳自己忘記，是妳自己做事不夠仔細。」她從不怕我因爲粗心而受到老師的處罰，因爲我必須親自體會大意後的後果。

雖然這樣的教育方式未必改掉我丟三落四的壞習慣，但我卻深刻體悟：自己做的事，不會有人替我收拾。

長大後每當聊起這件事，媽媽總說：「其實代送非常容易，東西拿了，走到學校就可以了。我選擇不代送，心中卻知道妳會被處罰，這對媽媽來說才是掙扎。我要讓妳知道，妳排隊打了電話也是沒用。」

聽了這番話，覺得媽媽的「冷血」裡，卻有著另一種溫暖。

小弟弟掉了背包其實可以理解，因爲就連身爲大人的我們，都未必可以時時刻刻保持清晰的腦袋，粗心大意也未必只是小孩的專利。但身爲長輩的我們，是否該藉機教育他們，如何對自己「負責任」？難道跟他道歉是個良好的教育示範嗎？正當你們把錯攬在自己身上時，是否等同於告訴小弟弟：「我們永遠會幫你善後。」

而在小弟弟成長的過程裡，又是否會繼續把自己該負責的事推卸給別人？

「負責任」是一種基本的生活意識、獨立的根本。

以我看來，我眼前兩位「過於負責任」的家長，卻可能養出一位「不負責任」的孩子。雖然我未曾養育過孩子，但我深信，父母是孩子人生的第一個級任導師，即使是微小的舉動都可能成爲孩子的行爲準則。

諷刺的是，在這整個事件中，小弟弟的父母從未發過聲，是徹底隱形的角色。

爲了找回小弟弟不見的小背包，眼前的空服員、地勤人員、機長全體動員；小弟哭鬧、父母無視、祖父母認錯。

而究竟誰可以老實地告訴小弟弟：「這是你的背包，你得自己背著？」

一對一起閱讀的母女

我從小就是閱讀少女，小時候每到假日，媽媽都不用苦思要帶我去哪裡玩耍，只要把我丟到圖書館的書堆裡，就可以輕鬆度過一整天。但過了這麼多年，我漸漸讓 3C 產品肆意壓縮我的閱讀時間。除了在上班的飛航模式＋關機外，手機幾乎都開著，到了飯店也會忙著找 WiFi。

在密閉又無聊的飛機上，也可以觀察到現代人的生活習慣。尤其是影視系統故障的時候，大家打發時間的方式也都不盡相同。事實上，我發現很多會爲影視系統抓狂的客人，也很少會給自己閱讀的選擇，尤其是亞洲人。

對很多爸爸媽媽來說，座位前方的螢幕就像孩子的保母一樣，安撫功能十足。只要孩子煩躁坐不住時，只要幫他戴上耳機，用手指點選卡通或是動畫片，就可以讓他專注一段時間，不會吵，也不會鬧。爸爸媽媽也可以趁這機會，好好看一部自己喜愛的電影。

有一次，當天出任務的是一台老舊的飛機。在起飛前，試播放安全示範時，就已經發現影視系統不太穩定，果然在起飛後一段時間，就開始一區一區地輪流故障，畫面就像被冷凍了一樣，怎麼點都沒有反應，我們在空服員操控面板上重新設定也沒用。

這時，我們開始發放報章雜誌，設法一邊道歉，一邊提供客人閱讀的選擇。

「很抱歉，我們影視系統有些不穩定。我們盡力處理了，眞的很不好意思……」

「在我們修理好之前，要不要參考幾份雜誌或是報紙呢？」

「或是參考您椅袋裡的免稅雜誌呢？最近有很棒的新品喔！要不要我幫您推薦幾款？」

在客艙裡繞了半圈，安撫了幾位因爲電影被卡住、很不開心的憤怒客人，手上也只有幾份報紙被抽走，有人不放棄希望，繼續用力按壓遙控器；有人索性放棄，開始無止境的放空，然後最後無聊到兩眼呆滯、漸漸沉睡。

而一些帶小朋友的家長，也紛紛拿出自己的 iPad 和手機，讓孩子繼續收看已經事先下載好的遊戲或影片。

在這之前，我看到一位綁辮子的小女孩，大約五六歲，正看著當時最火紅的動畫《冰雪奇緣》，還不時跟著哼唱，模樣超級可愛。影視系統故障時，我看她嘟著嘴，眼角有些淚水，還把安全帶解開站在位子上，用小手指戳著螢幕，而畫面也碰巧停在故事中「大雪怪」抓狂的瞬間。一旁的媽媽也嘗試幫忙操作遙控器，或許想至少快轉一點點，不然那個大雪怪又醜又可怕。

我挑選了幾樣玩具，但這些小汽車模型都只適合兩歲左右的孩子，感覺也不適合她。不知怎麼的，我特別心疼眼前這位小女孩，也嘗試多做幾次 reset，但這一個個螢幕就像跟我們槓上了一樣，就是不動。

當下我自以爲很貼心地倒了杯果汁走過去，因爲這是我認爲目前唯一會讓小朋友開心的東西了。這時我看到一旁的媽媽已經把自己和女兒前方的螢幕關掉，拿出一本故事書，正在一頁一頁的，慢慢念給女兒聽。

孩子需要有品質的陪伴，而不是 3C 保母

「拿出電子用品、換個備用保母」這個方法的確滿管用的，雖然我還沒有孩子，但我想，要是我碰到這種狀況，也可能會這麼做。但當其他孩子都繼續沉醉在虛擬的世界時，這對母女顯得特別不一樣。

我把小女孩的桌子放下來，把果汁和紙巾擺著。媽媽溫柔地對女孩說：「跟阿姨說什麼？」小女孩睜大眼睛歡呼了一下：「謝謝阿姨！」

我小聲跟媽媽說：「待會如果螢幕醒了，我會再過來幫您試試看，很抱歉。」

媽媽笑笑說：「沒關係，不麻煩你們～孩子被 3C 介入太多了，我想讓她專心看書。」她看著女兒問：「而且妳想要媽咪講故事給妳聽～對不對？」

「對！」

小女孩的眼角已經沒有淚水了，臉頰紅紅的，笑得很燦爛。

有時想想，電子用品的好用和「濫用」好像只有一線之隔。平時在餐廳也常看到一家子人手一台電子產品的景象，拿著手機也好，滑著平板也好，每個人都很專注，唯一的互動時就是點菜的時候。在飛機上，也很少看到一家子開心地聊著天，好像大家看到螢幕，心靈就被鎖住一樣。

事實上，除了眼前的那個方形螢幕之外，也是可以給自己一些不同的選擇。就像這對可愛的母女一樣，一起閱讀，還可以多增進親子互動。下次搭飛機，不管是碰到影視系統故障，或是覺得無聊或不耐煩時，不妨和身邊的人多說說話，或是給自己一個機會，拿本書來閱讀吧！

07

原來，無心的舉動也會引來客訴

我天真地以為通過了魔鬼的受訓，我的空服人生就會一片光明，但當我收到第一份客訴報告時，我震驚地發現，原來一個眼神、一句無心的話，會造成客人這麼大的抱怨。更令我驚訝的是，這一份小小的無心之過，對公司來說，卻是嚴重的過失。

超短飛時航班，最考驗空服員

進這個行業以前，我總以爲必定是服務人員有什麼嚴重過失，才會構成客訴的理由。但漸漸地，我發現只要「現實」與客人的「理想」有落差，即使是些微不足道的小事，也可能造成消費者極大的不滿。

我永遠不會忘記我的第一份客訴報告。

很多人可能會有疑惑：「飛行時間短，不就很輕鬆嗎？」其實太短的飛時是最讓空服員頭痛的，因爲必須在最短的飛時內完成送餐、收餐、賣免稅品等工作，還要百分百做好所有安全檢查，足以讓空服員忙到翻過去。

我們常用一句玩笑話形容這種超短飛時航班：「餐盤還沒『丟』完，就下降廣播了！」從起飛後，我們都會不停地看手錶，生怕機長廣播下降前，餐點還沒收拾完、免稅品賣不完。在這些形同打仗的航班中，常會忽略一些很小的細節，而這些小細節不免成爲被客訴的關鍵。

那天，飛了趟台北—馬尼拉任務，是我受訓後，第三次上飛機，身上別著「燒燙燙」、剛出爐，上頭寫著「見習員」的名牌，等著上飛機接受挑戰。除了我以外，還有三位同批受訓、第一次上飛機的見習組員，大家都梳著很整齊的包頭，臉上戴著非常完整、一看就知道是菜鳥的妝容。

台北到馬尼拉的飛時非常短，全機客滿，航班也 delay，因爲行程被延後，客人上機後始心情都不是很穩定；碰巧機上又有我們這群菜鳥，姐姐們在照顧客人之餘，還必須花時間指導我們，所以，全機瀰漫著濃濃的煩躁味。

「好的！餐車 set 好了，出發吧！」和我一起工作的姐姐這麼說。

什麼是「丟」餐盤？

很多飛時很短的航班會提供簡易的「便餐」，餐盤上除了主餐外，可能只有餐具包和水杯。流程中，除了送上餐盤外，沒有麵包沙拉，更沒有飲料服務（需要飲料者必須主動向空服員提出）。我們私底下會形容這是「丟餐盤」，比喻服務動作必須格外飛快，才可以趕上飛機的速度，是組員之間的玩笑話。

上了走道，我謹記受訓時老師叮嚀的：「微笑，微笑，再微笑」，於是便展開招牌笑容，露出八顆大牙齒：「先生您好，今天的餐點是魷魚羹麵，請慢用！」

接著，跟旁邊的小姐說：「小姐您好，今天的餐點是魷魚羹麵，請慢用！」

再對坐靠走道座位的先生說：「先生您好，今天的餐點是魷魚羹麵，請慢用！」語畢，送上燦爛的微笑。

就在送完這三盤餐點後，我一抬頭，看見眼前的姐姐已經送完整整兩排，正在皺著眉頭等著我：「牧宜，今天飛時很短，動作可以加快一點嗎？」

廚房奔來一位大哥，快速遞上補餐：「姐！咖啡茶已經準備好了，車子回來後可以馬上接著送！」

姐怒視著我：「妳看，咖啡茶都已經準備要出了，以妳這種速度，我們是要什麼時候才可以送？我們沒有這麼多時間可以耗！」

大概送到第二十位乘客時，我的手腳慌亂了，服務到第五十位，我的笑容已經完全消失，臉上只剩下一雙八字眉和一堆沿著額頭流下的汗珠。

不知不覺地，我的動作愈來愈匆忙，而原本的台詞也只剩九個字：「這是今天的餐點，請用。」

服務客人不夠定，客人當場發飆

我突然聽到一陣大吼。

「小姐等一下，妳這是什麼意思!?」

我還沒反應過來，直覺以爲是客人在吵架。在我轉過頭時，手上還拿著準備要遞給下位客人的餐點。

「小姐，妳這是什麼意思!?」

「先生不好意思，有什麼需要幫忙嗎？」

「妳剛剛是故意要摔東西嗎？」

「我剛剛沒有摔東西啊……」

「哪有人放盤子這麼用力的？你們服務生都用這種方法服務嗎？」

「我完全沒有這個意思，可能太急了，造成你的誤會……」

「我告訴妳，我在候機室就很不爽了，你們飛機 delay 延誤我後面的行程，該發脾氣的是我還是妳？」接著他怒吼：「妳如果不高興，可以不用來上班啊！」

姐姐趕緊出來解圍：「先生，這位妹妹還在掛牌，是剛上線的啦，可能還不是很熟悉，希望您不要見怪。」

這位面紅耳赤的先生，把眼光從我的臉上轉移到我的胸前，看見了「見習員」的牌子。

「靠！我跟大家買一樣的機票，付一樣的錢，爲什麼要一個見習員來服務我？我才剛一上飛機就看到兩、三位見習員，是怎樣？這是台見習員專用飛機嗎？」

我用很愧疚的臉，接了一句很笨的話：「先生，不是這樣的，其他三位組員只是上來觀摩、考核，只有我是 on duty。」

「妳很厲害，妳說妳是蝦米『骯 du 體』是不是，好！」

即使姐姐在旁邊努力安撫他，還是無法平息他的怒氣。我知道自己闖禍了，只好默默地說：「剛剛如果有得罪您的地方，眞的很不好意思……」

我強忍淚水，把剩下的餐點送完。後面的工作，爲了讓我不要再度面對這位火冒三丈的客人，姐姐很貼心地幫我安排在廚房幫忙，她們紛紛安慰我：「沒關係啦，飛久了，心臟自然就變強了！」

隔一天，我接到了空訓部的電話，表示我接到當班客人的客訴，希望我可以親自到空管處做說明。

我沒有直接看到客訴信的內容，但藉由空服主管的轉達，我才知道，這位客人不但不滿我「摔盤子」，還說我「脾氣很大，想跟客人說教」。

我向主管巨細靡遺地解釋完整的過程，很難過客人誤解了我的意思。主管問了很多細節，也靜靜地聽完。

這個客訴影響了我是否能繼續留任

「牧宜，大多數的客人不會做無謂的客訴，會抱怨，一定事出有因。妳很資淺，資淺的組員會犯錯，我們都能理解。我們希望妳可以寫一份報告，內容除了交代過程，還要詳述妳應該有的改進方式。

「還有，試用期對新進組員來說，都是很艱難的考核時期，希望妳在報告中可以承認自己的錯誤。記得，妳會不會進入第二階段訓練，我們將會把這個 case 列入考慮。」

我聽到這句話，覺得自己應該玩完了。

走出辦公室時，我滿腦子都是自己接到公評會的通知，要求我帶制服、裝備、行李箱、課本全數還給公司，並交出自己的員工證，走出公司大樓，永遠的離開。想到這裡，我忍不住掉下眼淚，難道這兩個月的努力，全都白費了嗎？就因爲我無心的，用太快、太重的力量放下餐盤，就足以把我退訓、宣布淘汰出局嗎？

我回家坐在電腦前，即使淚灑鍵盤，還是要把報告打完，我盡力地把姿態放到最低，希望可以連同把被淘汰的機率也降到最低。

過了一個月，我順利地回到教室，開始了第二階段的機種訓練。至於這個客訴案件究竟如何落幕，我也不得而知，不知公司是否有把我的歉意轉達給客人，也不知客人如何回應，但我已盡力寫了一份認錯的報告。

就算覺得被誤解，也先別急著解釋

在好幾個夜裡，這件事情總在我腦中翻轉。

細想後發現，當時我實在不應該急於解釋，更不該自以爲可以爲自己解圍的，說那句「其他三位組員是上來觀摩，只有我是 on duty」，因爲不管我是不是有意的，放盤子的速度太快，本身就錯在我。

負面情緒對很多人來說，都是累積而來的。或許，那位客人從在候機室時就已經被惹毛，或甚至，從他出家門那刻就開始了。

我學到了一個教訓，**就算我覺得自己被誤解了，就算我認為自己沒錯，也應該盡力做到傾聽，因為我們心裡都知道，我們無法每次都為客人提供那個最滿意的答案**。

我還記得那位客人的臉，以及他氣得臉紅脖子粗的神情。

我很謝謝他，因爲他 somehow 教會了我一些什麼。

08

印尼小乖乖

我一直以為我在火車站看到的景象就是移工的唯一面向，但這片風景，卻只是把自己困在某種意識形態中產生的。我一直認為自己和他們是不一樣的，認為「這是我的家，而你只是個來賺錢的勞工」。但原來，我們都是在這同一片土地上努力生活的人。原來，我們並沒有這麼不同。

如果說多看一些事情可以改變一個人的價値觀，那麼飛行生活，則是徹底翻轉了我累積多年的原則，尤其是我對某些種族的看法。

十八歲那一年，我到中壢念書，開始了整整四年的大學生活。在工業區重鎭的中壢，三不五時就會看到許多東南亞移工，泰國、越南、印尼……尤其是在火車站，更常看到「黑壓壓」的人潮，有的成群結隊逛街聚會，有的和男女朋友吃著東西，他們身上都搽著特殊香水的味道、說著一堆我聽不懂的語言。

每個週末結束前，我都會坐著火車從台北回到中壢，而這些東南亞人也剛好要收假，所以在火車上，身邊不免會坐著很多年輕外勞。雖然他們和我總是「井水不犯河水」，但對年輕不懂事的我來說，他們的眼神總是讓我不舒服，好幾度我都藉由起身換車廂坐，才覺得耳根比較清靜、空氣比較「清新」。

每當看見他們，我都有種「嗯！泰勞欸！」的反應，我從來沒有因爲想觀察而多看他們幾眼，在人來人往的中壢，也未曾因爲對他們感到好奇，而停下腳步。我始終不能理解，爲什麼可以把小小的火車站當成交誼廳？樂趣在哪呢？內心深處也總覺得，你們是勞工、來賺錢的，怎麼可以出來遊走，甚至把這當成自己的家了？

一趟雅加達航班帶來的改變

人會有偏見，往往是因爲太過相信自己的眼睛，但其實，我們往往會在無意間找到意想不到的答案。就好比我看見的東南亞勞工，就是黑皮膚、聲音嘈雜、香水廉價的形象，即使與他們擦肩而過，我眼睛看到的永遠只有這樣。但我從沒見識過他們來台的過程，而一趟航班讓我見識到了，他們有多麼不容易。

公司光在印尼就開了三個航點，除了度假勝地峇里島和泗水，雅加達更是公司重要航線之一，身爲印尼首都，又是亞洲經濟和文化的重鎮城市，往返的客人總是非常多。通常分成這幾種：生意人、特種行業、特種行業的牛頭、外勞（俗稱小乖乖），還有極少數的觀光客（通常到了雅加達後，都會轉機到印尼的其他小島）。

上線後不久，我飛了一趟雅加達。客人們在雅加達準備登機時，我看到機門口走進了一批一批的印尼人，大都非常年輕，而且非常禮貌、守規矩。我如往常一樣開始幫客人看位子、指引方向，但接過一張張的登機證時，我看到他們一雙雙的眼神中，有著小小的恐懼，還有大大的不確定，而且雖然沒什麼行李，但每人手中都緊緊拿著一個牛皮紙袋。

他們手上的文件夾看似只是普通的紙袋，但我發現，裡頭好像放著格外重要的文件。好幾次，我上前想要協助搬放行李，都見到幾位死命地抱著它，不然就是特別把文件夾拿出來，放進座位前方的椅袋，生怕它一離開自己的視線就蒸發了。

在這趟航班中，我服務的區域碰巧全都是準備來台灣工作的印尼人，只懂幾句中文和英文的他們，只會用點頭、搖頭的方式回應我所有的問題。送餐點時，生怕吃到豬肉的他們，只要聽到「chicken」，就一定會大力點點頭：「yes, chicken!」應該也都不知道另一個選擇是什麼。或許他們都不知道，印尼航線並不會有任何豬肉的餐點選擇。

如果他們有任何疑問，不知如何表達（例如，想知道內容是飯還是麵），我們都會耐心地打開餐盒，讓他們清楚看見餐點的選擇，或是把他們「或許會想喝的飲料」拿得高高的，讓他們只要用手「指」就可以了。

在整段航程裡，他們也習慣稱呼我們「哥哥」、「姐姐」；大多數的時間，他們都在睡覺。姐跟我說，這些睡覺的人，有一半是因爲暈機，另一半則是因爲他們從家鄉到雅加達的過程中，已經至少騎了半天的車，全都已經累壞了。

那天，在機長廣播下降後，姐叫我從櫃子中額外拿出一些嘔吐袋。

「嘔吐袋？爲什麼要多準備一些？剛剛教官說等等的下降氣流還好啊。」

姐一邊整理廚房一邊說，「牧宜妳不知道，這些小乖乖啊，幾乎都是第一次搭飛機，甚至其中一部分的人，連汽車都沒搭過幾次。這氣流妳可能覺得無感，但他們等等可能會吐翻。啊，濕紙巾也留一些好了！」

果不其然，在降落過程中，就看到好幾個印尼乖乖已經開始在嘔吐，但因爲飛機還沒touch down，我們不能解開安全帶去協助，直到「請繫安全帶」的指示燈熄滅了，我和姐才能趕緊去幫忙。

我記得一個包頭的小女生吐得狼狽，眼見我過去關心，她看著不小心被她吐髒的椅墊，滿臉淚水。我拿濕紙巾幫她擦擦衣服，才發現她的頭巾上也有嘔吐物，在心疼之餘，我也趕緊遞上一杯溫水，並跟她說：「沒事了，我們到了。」也不知她是否聽得懂，只見她猛低著頭擦拭身上的髒汙。

下了飛機後，我看到這大批小乖乖們，直接在登機口排隊集合。這時勞工局的人開始唱名，爲他們發放號碼牌。我帶著鼻酸，拉著行李箱，和姐跟他們揮手說再見。我看著剛剛那位頭巾小女孩，仍是滿臉的傷心。

這時我們下班了，他們也開始上班了。

在走出機場的路上，我不斷想著那個女孩。她暈機得這麼嚴重，等等是否要坐遊覽車去雇主家或是仲介中心？那這樣一路如果又暈車、再吐怎麼辦？

我也立刻想起了自己一直以來，對外籍移工的負面印象，深感愧疚，究竟是什麼樣的心態，可以讓我對他們成見這麼深？我跟那位女孩的年齡想必也差不多，如果今天要我這樣乘風破浪地去到一個陌生國家，我真的可以克服這些重重困難嗎？

看到他們來台灣的過程，我才知道，**我一直以為我在火車站看到的景象就是移工的唯一面向，但這片風景，卻只是把自己困在某種意識形態中產生的**。我一直認爲自己和他們是不一樣的，我認爲「這是我的家，而你只是個來賺錢的勞工」。但原來，我們都是在這同一片土地上努力生活的人。原來，我們並沒有這麼不同。

印尼移工安妮來我家

我的阿嬤年紀大了，除了有失聰的症狀，四肢也漸漸無力、行動不便。爸爸媽媽協商後，請了一位印尼移工來家中幫忙，她叫「安妮」。

她和我在飛機上見到的小乖乖沒什麼兩樣，模樣很可愛，眼睛和鼻子都大大的，剛來時雖然中文不好，但卻可以用英文有效的補充。她來台灣賺錢是爲了幫哥哥買一台機車、幫媽媽蓋一棟穩健的房子，如果可以，她也希望可以幫爸爸完成到麥加朝聖的夢想，因爲那是每一位穆斯林的終身使命。

開始熟悉這裡的生活模式後，只要是有機會全家出遊，我們都喜歡帶著安妮一起同行，帶她認識台灣文化；教她中文，好在聰慧、靈敏的她學習能力非常強，每天也練習用中文寫日記。常飛印尼的我，三不五時就會被排到雅加達的任務，偶爾會很幸運地飛到峇里島和泗水的航班。每次，我都藉機幫她買些家鄉零嘴，讓她解解思鄉之愁。

記得有一次在雅加達，我爲了幫她找一款她最喜歡的茶包牌子：「Poci Teh」，而在各大百貨之間奔波著，一家跑過一家，好不容易找到一家超市有賣，卻獨獨缺了她最喜歡的香草口味。我還特別傳簡訊跟組員說：「抱歉今天無法跟姐們去按摩了，因爲我還要繼續找安妮的那款茶。」最後，總算是被我找到了！

回家把千辛萬苦找到的茶包給安妮時，她雖然很感動，但也罵了我一頓：「姐姐！妳知道雅加達有多危險嗎？下次不要再爲了我自己一個人出去了！」接著，便紅著眼眶，幫我泡了一杯。

在家裡，我和安妮如同姐妹一般，連我跟媽媽吵架時都會找她抱怨，超聰明的她，也時常用她多思念家鄉母親的那套，讓我心懷愧疚。

記得有一年母親節，臉書世界裡充滿了愛，有全家人出遊吃大餐的照片，有人也獨自對母親送上鮮花……看著大家吃大餐、送鮮花、和母親「放閃」的照片，我問安妮，有沒有給遠在印尼的媽媽一封簡訊，祝她母親節快樂？她想了想，對我這樣回答：

「I'm sorry ... Everyday, every moment is more than a mother's day to me ... Everytime I can pray for her, is the chance I can show it to her ... 我也愛妳，姐姐，和妳的家人。」

不知爲什麼，我和安妮特別喜歡談論宗教，雖然我的信仰是基督教，但不知爲什麼，我對穆斯林的世界充滿好奇。我常請教她可蘭經的內容，然後比較基督教和伊斯蘭教理念的不同（有趣的是，可蘭經裡也有提到耶穌的存在）。她也爲我解釋，爲什麼穆斯林不吃豬，還有爲什麼他們這麼怕狗；記得，她還曾經花了一整晚說服我「ＩＳＩＳ組織不是伊斯蘭教組織」。

我對印尼文化有極大的好奇和興趣，在她工作閒暇時，我們也會玩起一些有趣的小遊戲，例如在請教穆斯林的「包頭巾文化」時，也請她動手教教我如何包頭巾。

我是安妮的中文老師，同時，安妮也是我的印尼文老師。偏偏我的舌頭不是很靈活，每次遇到需要彈舌的發音，怎麼都練不起來。

例如，「橘子」的印尼文是「Jeruk」，r的音必須配合彈舌。記得有一次我很想放棄，她還對我說：「姐姐，別的字可以放棄，但這個字不行啦！飛機上不是一定有柳橙汁嗎？」可見當她「老師」的身分上身時，對我的嚴格程度並不低。

漸漸地，和安妮的互相鼓勵和教學，讓我在飛機上和印尼人溝通變得順利許多，記得有一次我甚至快速理解某位小乖乖想借「衛生棉」，好在安妮有教過我這個字，讓我在對方尷尬地求助時，可以快速給予協助。

有次我飛長班回來，身體好累，一進家門就倒在沙發上。那次安妮問我：「姐姐！我可不可以放一首 relax 的歌給妳聽？真的很 relax 喔！」聽到可以好好放鬆，我二話不說地答應了：「好啊！」

結果放出來的是，嗯嗯啊啊的伊斯蘭教歌曲，唱到中間，安妮還忍不住跟著哼了兩三句，讓我無奈地爆笑，然後在嗯嗯啊啊的歌詞間睡著。

和安妮上穆斯林文化課，及指導如何包頭巾。

她說，兩年前的她，跟一批批「進口」的印尼移工沒什麼兩樣，從在受訓學校得知有雇主挑中她了，她們便準備要和家人道別。她說，她在離開家之前，特別幫爸爸媽媽做了一個「洗腳」的儀式。

「洗腳儀式是特別針對要出遠門的女兒嗎？」我好奇地問。

「不是。但是個對父母最崇高的敬意的傳統儀式。那時候，爸爸媽媽知道我要做這件事也很驚訝，我記得爸爸好像很捨不得我走，邊洗邊哭。」

安妮接著說，一直到雇主家之前，她們根本不清楚自己會分配到哪裡、會是怎麼樣的家庭？老闆會是怎麼樣的人？要照顧老人、還是嬰兒？

她說：「我上飛機前，心裡想：揑著大腿跟著大家走就對了。」

人離鄉賤，物離鄉貴

安妮說，來台灣幫傭一直是印尼偏鄉女孩的夢想，因爲這裡的薪水比她在雅加達領的還多四到五倍。但來台過程沒有我們想的這麼容易，從找介紹人，到受訓、健康檢查……必須經過重重關卡，有人卡在健康檢查的最後一關無法前來，有些人在學校已經受訓完畢，卻遲遲等不到雇用通知。甚至，我們在飛機上有時會遇到印尼小乖乖的「DEPU」（因證照不全等原因被遣返回國），也就是說，這些已經借了大量的錢、千辛萬苦離開家鄉的小乖乖，最後可能因爲簽證原因，宣告失敗而前功盡棄。

成功到國外工作的乖乖們，別以爲她們就此賺到了海闊天空的生活，除了可能遇到不好的雇主之外，更可能賺了銀子、賠了幸福。在這過程中，除了必須忍受對家人的思念外，甚至有許多丈夫在家鄉外遇、家庭破碎。

舉例來說：安妮的朋友在新加坡幫傭多年後，回到印尼，才發現丈夫已經另組家庭；我的鄰居奶奶之前的幫傭來自越南，簽約還未滿就緊急回鄉，因爲在家鄉的孩子到了叛逆期，已經學會偷拐搶騙。在台灣幫陌生人把屎把尿的同時，她錯過了孩子最重要的教育。

安妮說，在社區工作的她們已經是算很幸福的一群了。電視播報的那些性侵新聞、壓榨事件，在外地幾乎是天天上演。有時候我會想，工作滿三年後，可以回鄉休假，和家人重新團聚，對他們來說應該是盼了多年的好事。但近鄉情怯，開心細數日子的同時，可能怕的是要面對自己不能負荷的破裂。

看著他們，我總想，若不是到了無法生存的地步，誰願意飄洋過海，獨在異鄉身是客呢？

她以為高的人不會和低的人說話

每次飛長班前，安妮都會陪我一起搬大行李箱下樓，並一起等接車。有一次接車的門一拉開，是一位膚色較深的印尼籍機長，是從印尼航空跳槽過來的。他一看到安妮，興奮地用印尼文（還是爪哇話）跟安妮聊起天來。

沒想到機長和安妮的簡短談話，竟讓她感到非常吃驚，因爲她以爲高的人不會想跟低的人說話（我想她所謂的高低是指社經地位，應該不是身高）。我反問她：安妮，妳覺得什麼是高，什麼又是低？

接送組員上下班的接車

目前居住在台北的組員，在執行任務前後，都會有公司的專車接送上下班。

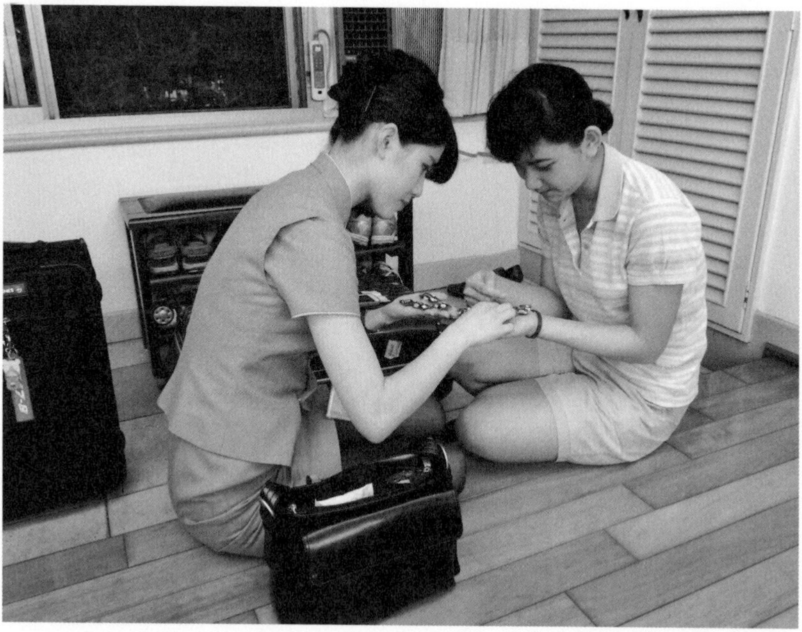

那天上班前，安妮送了我幾顆糖果。包裝紙上是印尼文的祝福語。

她的很多朋友都被業者和雇主雙層剝削，走出家門，還要受到路人不友善的肢體眼神對待。不可否認的是，我們無意中為自己打造了一種高高在上的形象，我們批評歐美世界歧視黃種人，而我們自己是否也做到了對他們最基本的尊重呢？

我常想起《出走，是為了回家》這本書中，作者劉安婷提到的一句話：「一份單純的在乎，會超越語言的隔閡……」我想，這句話用來形容我和安妮的感情，再適合不過了，對吧？

09

服務陸客傷身，但服務台灣人卻是傷心

曾經以爲，我會最喜歡服務台灣客人。不過，綜合自己與其他同事的經驗，如今「台灣客人」、「台灣團」已成爲空服員最害怕的名詞。相反地，服務大陸客人，雖然需要大聲且嚴厲地告訴他們守規矩，不過，下機後，最願意給空服員正向回饋的，也是他們。

一直需要被捧在手心的台灣人

一個看似很平靜的航班上，「咚！」服務鈴響起了。

「小姐您好，請問需要什麼幫忙嗎？」我蹲下身。

「你們都把台灣人安排在後面座位，是什麼原因？把外國人全部放前面（座位），又是爲什麼？」

「小姐，我相信地勤安排座位絕對沒有針對性的！跟您解釋一下喔，你們買的是團票，相信旅行社有他們的安排方式，再者，這不是空勤的服務範圍，我沒辦法替您做主。您方便下飛機後，跟地勤人員反應嗎？」

「你們都把外國人捧上天，對我們呢？剛剛妳送飲料給外國人都雙手，給我們都單手。」

「不好意思，剛剛絕對是因爲另一手在忙，才會單手給您的，如果您覺得不妥，在這裡向您致歉。」

「反正對你們歧視性的座位安排方式，以及小姐妳服務我們的方式，我非常不滿意，你們憑什麼歧視台灣人？」

以上是我和一位台灣乘客的對話，她氣得臉紅脖子粗。針對我未雙手奉上飲料這件事，她表明要客訴我。我無奈地再次道歉，遞了意見函。

「不要放在心上，跟台灣鮰民認眞就輸了！」空服員時常這樣互相勉勵。被安慰的同時，都有一股淡淡的哀傷湧上心頭。

曾在空中服務的人都知道，許多台灣客人拿不到撲克牌就發脾氣，生日要求要有禮物，還要求高艙等服務（高艙等的枕頭毛毯、冰淇淋等）。曾有同事被客人投訴，內容是：「很謝謝空服員主動協助我搬行李，但在搬行李時她的笑容消失了，讓我感覺很受傷。」

這位客人可能不知道，我們幫忙搬行李的同時，很可能會受傷，若是一百位乘客都要求這種服務，我們可能會受傷一百次，還會造成走道嚴重阻塞，影響登機。想到這裡，她要求這位空服員辛苦搬行李的同時，還要面帶微笑，會不會太強人所難？

回想剛進公司時，我以爲我最喜愛的會是台灣客人，如今「台灣客人」、「台灣團」已成爲空服員最害怕的名詞。

直來直往的陸客

記得開始開放陸客赴台觀光的那一天嗎？那天開始，國航各增加了許多到中國大陸往返的航班，大陸人從此成爲我們偌大的客群。

自從台灣湧進了大批的大陸團，各大夜市、商圈及風景區成爲大陸觀光團的必去景點。雖然成了一種新氣象，但許多人抗議觀光開放後，交通變得壅塞，風景區被破壞與汙染，原先安靜的觀光景點，也因爲陸客的湧入而變得嘈雜許多。

有人問我飛機上的陸客是否如同新聞上形容的一樣如此不受控？我的回答是：「Yes」。不得不說，大陸乘客的「規矩」眞令人不敢恭維。

在登機前，我們會深吸一口氣，告訴自己必須冷靜、要有耐心。

果然登機後客艙變成菜市場，「請坐下！」「麻煩讓一讓！方便後面客人通行！」我們必須設法把自己音量提高，直到蓋過他們的聲音，才能稍稍維持秩序。

飛航過程中，他們習慣性的把餐盤一個一個放進包包裡，有些認爲是最好的紀念品，有人甚至認爲可以拿回大陸賣錢。有組員說曾經到中國大陸旅遊，發現有一個地攤上，販賣著世界各個航空公司的餐盒、餐盤及餐具。

他們在機上大嗑堅果、削蘋果，也喜歡亂按服務鈴，爲了維護其他乘客的搭機品質，我們會不時用嚴肅的口吻「警告」他們守規矩。

起降時的他們最不受控，也許是急著想看風景吧，他們會在飛機衝刺的瞬間解開安全帶，拿著手機起身，猛拍窗外的景色。

空服員都有一種保護乘客的使命感，只要看到乘客在不對的時機起身，都會很激動地要求他們坐好，特別是對陸客，因爲他們有個特質：我們才剛說完的話，他們下一秒就忘了。

對我而言，旅客下飛機前看我們的神情，等同於是對我的服務打分數。意外的是，最願意給高分的乘客，卻是那些「從頭被我兇到尾」的陸客。

「謝謝！再見了兒！」「美麗的台灣姑娘兒，再會了啊！」「您們服務眞是好呀！下次見了！」

面對這群不守規矩、卻又天眞調皮的大陸客人，你怎麼忍心對他生氣？

以服務業的角度來看，陸客就像是個沒家教的調皮孩子。服務陸客會覺得全身痠痛、喉嚨疲累，但服務自家台灣客人，累的卻是心。

花錢買服務，不是買尊嚴

我們大聲斥罵陸客，請他們守規矩，他們卻毫不在意我們的態度，反而熱情地跟我們說再見。反之，即使我蹲下身來，耐心對這位台灣客人解釋她對公司的誤解，她仍深深覺得受辱，在客艙大發脾氣；即使空服員主動協助客人搬行李，客人仍因爲她臉上沒有笑容而進行客訴。

這不禁讓我反思，我們抱怨開放陸客觀光後，阿里山、日月潭的景色變了，抱怨台北信義區變嘈雜了，抱怨著陸客不守規矩、無法無天，認爲他們「破壞了台灣的風景」，但我們又爲自己的公德心打幾分？對一線服務生，我們有做到最基本的尊重嗎？

很有趣的是，不管公司如何改善服務流程，設法拉近我們與顧客之間的關係，許多顧客卻想盡辦法拉開我們之間的距離。

消費者習慣把自己放在較高的位置，無論他們做何種要求，服務人員的姿態永遠不可以比他們高，即使服務人員被不尊重的態度對待，也不被允許有反駁的權利。他們永遠都不知道，**我們和消費者的關係完全是場公平交易，他們花錢買的是服務，而不是服務生的尊嚴。**

台灣人除了覺得「花錢就是大爺」，更有顆一碰就碎的「玻璃心」。

以故事中的小姐爲例，她才一登機就認爲地勤安排座位的方式是「歧視」，因而上飛機大聲斥責我們，認爲我們羞辱了自己台灣人。很多人說台灣人是自卑的，這是否也可以反映在人與人的相處之中？

我曾經碰過一個家庭，有年輕爸媽、女兒三人。在一個餐點選擇比例非常懸殊的航班上，我們盡力幫他們調來了兩份雞肉麵、一個魚排飯。媽媽卻堅持一定要我們拿出第三份雞肉麵，否則就要客訴我們到底。我悄悄聽到爸爸小聲制止了自己的太太：「哎唷，魚排也可以啦，別鬧了。」

這時太太高聲地嚷嚷：「你不吵，怎麼爭取？」「講話就是要大聲啊！不然怎麼拿到好的東西？」

我們拿了組員的餐點奉上，是一塊鮮嫩的烤雞排。我看到坐在座位中間的小女兒，眼看只有小學生的年紀，她從頭到尾觀賞完媽媽的演出。原來，這就是她對女兒的教育，原來，這就是她眼中，身爲母親的最佳示範。

台灣人普遍認為「有吵才有糖吃」、「大聲才會被注意」，是不是台灣人習慣將自卑化為自大，覺得唯有靠著謾罵，才能建立莫名的尊貴及優越感？若我們心中真心覺得自己很好，絕對不輸人，又何必害怕被輕視，非得急於罵人、得償所願才行？

我們都聽過「台灣最美麗的風景是人」這句話，的確是如此，至今我仍深信台灣人非常善良美好。但若我們預先醜化自己，過分自卑又過於驕傲，你和我還算得上是最美的風景嗎？

只有當我們收起玻璃心，靜下心來欣賞自己的美好，到了那一天，台灣才能眞的成爲福爾摩沙。

為什麼我們總愛說「自己的行李自己搬」？

很多人以為「搬行李」是組員提供的必要服務之一，但事實上，組員的義務，是要讓所有行李、包包，都能很安全地妥善安置，以免當亂流發生，或是大家打開櫃子時不慎掉落、砸傷客人。這個概念已經慢慢建立，但還是有很多乘客會在飛機上指揮空服員搬行李，甚至期待空服員獨自完成。

雖然組員之間都有極佳的默契，搬起時，一定會有另一雙組員的手伸出來協助，但礙於許多忙碌的情況，很多組員是因獨自搬行李而受傷的，嚴重的甚至有椎間盤突出的問題。為了導正骨架、讓骨架受力均衡，許多組員的圍裙下都是一片片的束腹帶。

不瞞大家說，我現在的背傷就是當時工作中造成的，直到現在一年多了，都還沒有康復。

那是一個旅遊旺季，整個經濟艙被兩三個旅行團攻占，登機時客艙又像是戰場。

正當我忙著引導客人入座，突然有一位身形高大、年約四十歲的男子，拉著他的大行李走過來。

「小姐，請妳幫我放上去。」

「不好意思，我們不能獨自幫客人搬行李喔！」

「可是我力氣很小，也放不上去。」

看著他，我實在有點疑惑，這麼高大的壯漢都放不上去了，怎麼會期待一個小女子可以做得到？

我看了一下對面的組員、再看看遠方的組員，她們也都滿頭大汗地忙碌中，眼看即將塞住的走道，身邊又沒有助手，我只好對這位「二頭肌很大、力氣卻很小」的先生說：「那我們可以一起搬嗎？」

他有點不耐煩地說：「喔……好啦！」

我實在不知道我當時爲什麼要這麼認眞，使盡全身力氣和他一起搬起行李箱，就在我們高舉箱子，正要往行李櫃內塞的瞬間，這位先生突然放手，箱子的重量瞬間全部落在我的手上，一時之間，我的雙手無法支撐住箱子的重量，因此掉下來，差點砸到我和旁邊的客人。

我相信這位先生不是故意要讓我受傷，或許是他不懂得正確的方法，或認爲行李已經進了行李櫃了。但從那天開始，我的背就開始隱隱作痛，手臂也時而麻木、時而疼痛。即使一年多來，我不斷復健，也才好了一點點。

事後有客艙經理鄭重地對我說：「組員不是起重機，更不是舉重選手。如果有客人說行李搬不上去，不管怎樣，千萬不要自己搬，因爲受傷的是自己。」

哎呀，親愛的客人們，爲了讓我們保持身心健康，就認清「搬行李不在空服員服務範圍之內」這個事實吧！好讓我們可以在您下飛機後，繼續造福更多的乘客，或是在您下次搭飛機時，可以由健康的組員替您服務，這應該是最重要的事情，對吧？

10

對日本歐吉桑貼上標籤

對於我們看不慣的人事物，我們自然會爲他們取上一個外號，藉此建立心中的距離感。我想著，「變態」的心態，不管是台灣或日本，或是世界任何國家，應該都是一樣的，因爲既然是指「偏離常態」的人，那就一定是少數。既然都是人類，哪有哪國比哪國「變態」的道理呢？只是文化和社會形態的不同罷了。

每當看到班表上有日本班，不管是正常時段或是紅眼班，我都會先不由自主地鬆一口氣。從小到大，只要一講到日本，大家的印象就是他們的九十度鞠躬，以及他們永遠的守規矩、不吵鬧，在飛機上的他們也不例外。

我印象中的日本客人，大都非常謙遜有禮，他們從機門口遞上登記證那刻開始，就輕聲細語，排隊井然有序，即使有人因爲移動行李而堵住走道，他們頂多探頭查看，從來沒有顯露出不耐煩的神情。他們會仔細聆聽廣播，有些可能坐下時忘了繫上安全帶，但在看安全示範影帶時，就會一一守規矩地繫上。飛日本班時，我們的心情總是平靜，即使偶爾出現煩躁，也都不是因爲這些乘客所致。

但有趣的是，偶爾會出現一些極端的例子，這時我會覺得，日本人的有禮與失禮，就像明與暗一樣，沒有灰色地帶。

一支好香的筆

日本是個情色傳媒資源豐富的國家，在很多人的印象中，日本男人都頗好色，在許多綜藝節目中，也常把「好色」當成搞笑的哏，讓這種人格特質變得自然。

日本男人到底是否好色、好色到什麼程度，每個人的標準都不同，有時我也不知「好色」是否一定負面，但我的確碰過幾位日本男客人，對我做出一些令人不解的舉動。

那個傍晚，飛機正在夕陽下的跑道排隊滑行、準備起飛，我和平常一樣坐在 Jump Seat 上，但那天我的雙腿特別併攏，雙手也端正地交疊、放在膝蓋的正中間。我抬頭看著前方，是兩位衣著輕便的日本歐吉桑，大約五六十歲，其中一位還有不小的暴牙。他們手上各拿著一本色情雜誌，談笑風生，不時交換著意見。我偷偷瞄了他們一眼，發現兩本封面各有不同的風格，其中一本就是空姐風。

飛機起飛了，靠窗的歐吉桑 A 暫時放下雜誌，把頭轉向窗外美景，看了數秒，另外一位則是無法擺脫雜誌的誘惑，興奮地翻閱著，一直發出低沉的笑聲，「卡哇伊爹斯～哈哈哈～」「卡哇伊爹斯。」（「かわいいです」日文的「可愛」）。他們不時會比手畫腳，看似在形容女人的身體曲線，在我面前不避諱地大聊女人的身材，不免讓我感到不舒服。

飛機高度達一萬英尺時，機長熄掉「請繫安全帶」的指示燈，暗示我們可以起身工作了。我把安全帶解開、反釦整理好，起身前我和他們對到眼，給了他們一個專業的招牌笑容。

正當我準備要離開去工作時，突然聽到一陣笑聲：「卡哇伊爹斯～」雖然我不知道他們說這句話時，是回頭繼續看雜誌，還是針對我，但我覺得很尷尬，也不知道他們在腦海中，對我和雜誌上的女生做了什麼樣的連結。他們除了互相傳閱這兩本之外，還起身開了行李櫃，從袋子裡抱出一大疊，顯得刊物源源不絕。

進廚房準備工作時，我和姐說了起飛時發生的事情，更大力地抱怨：「日本男人眞的都很變態欸！」姐大笑了幾聲，說：「哎唷，坐在 Jump Seat 上時，哪一次不是被對面的多看幾眼，沒關係啦，忘掉忘掉，不要影響工作心情。」

即使經過姐的勸說，但每次服務他們時，我都不禁想到剛剛起飛的過程，實在無法展開太大的笑容面對他們，因爲我不知獻上哪種笑容才能讓自己免於被調戲的對待，腦袋裡一直湧出「日本男人都很變態」的想法，愈想愈覺得不舒服。

雖然我非常有禮貌地進行送餐和免稅品服務，他們要的東西我也都耐心準備，但漸漸地，我選擇疏遠他們，除非他們自己提出要求，不然我盡量不跟他們有眼神接觸。

和姐一起推車回廚房時，服務鈴響了。我探頭看了看，天啊，27 A……是他們……

我嘆了一口氣，「姐，我來吧。」

走到 27 A 時，歐吉桑對我說：「すみません～ぺんを借りてもいいですか？」（不好意思，可以麻煩您借我一枝筆嗎？）

空服員都會從各個飯店的房間蒐集筆，幾支別在制服上，幾支放在肩包裡，好在上班時可以借給那些沒筆可以填寫表格的乘客。

我一派輕鬆地回答：「はい、どうぞ。」（沒問題。）並拿下身上的筆，遞給他。正當我要離去時，聽到一句話：「いいにおい。」（香。）

雖然這句話的口氣並沒有太過輕佻，卻讓我瞬間傻住，我一時無法控制自己的脾氣，很想走回去和他們理論。

香？可以這樣對空服員說話嗎？閱讀情色書刊是一般人在大庭廣眾下會做的事嗎？我轉頭狠狠瞪了他們一眼，就連後來還我筆時，我也搖搖頭表示不必了。

說實在的，我很生氣。

放大心中的標籤

飛機抵達後，客人紛紛起身拿行李，在等待機門開啓時，歐吉桑們對我笑了笑，順手遞了兩張紙條給我。

我接過紙條，順勢把它們摺起來，直接放進口袋裡，對裡面的內容也毫無興趣。我心想：「夠了沒啊！當我是酒店小姐嗎？誰不知道你們寫的是自己的聯絡方式，或是居住地址之類的。哼，我是絕對不會看的，等等直接丟掉！」

等到他們下飛機時，我只是禮貌地說：「謝謝、再見。」並沒有展開笑容，也沒有再多看他們一眼。

下機後，我們在巴士上忙著處理免稅品的帳，想起剛剛在飛機上被調侃的感受，心裡火氣仍非常大，這時，經理經過我身邊還我東西。她先是靠近聞了幾下，然後皺了眉頭：「牧宜，妳今天的香水會不會噴太多了？」

兩位歐吉桑的插畫小禮物。

「啊，眞的嗎？」

「是啊，有點刺鼻了，下次記得注意一下。這樣客人聞了也會不舒服。」

由於自己實在很難聞到身上的味道，經理走後，我問了幾位姐，是不是眞的香水味太濃了？姐姐們紛紛點頭。

我想起了剛剛那兩位歐吉桑，頓時覺得非常難過，或許他們並沒有別的意思，只是無意間道出事實。我默默地拿出口袋的紙條，發現上面不是我想像中的email、電話號碼或地址，而是兩張原子筆畫的插圖。其中一張是可愛的大雪人，另一張則是可愛的米奇。在米奇的旁邊，拉出了一個對話框，寫著「China Airlines good」、「謝謝」。

看著這兩張紙條，我為自己的無禮感到愧疚，我想著，或許我已經沒有機會跟他們說聲抱歉，又或者還給他們一個應得的笑容。

刻板印象眞的會殺死人。我從小就很不喜歡「變態」這個詞，但我卻在那段航程中，不斷在腦海中用這兩個字攻擊這兩位歐吉桑，甚至是日本全部的男人。因爲對他們的抱歉揮之不去，隔天我找了幾位日本友人分享了這件事情。

聽故事前後，這位日本朋友的情緒沒有太大變化，他說：「變態……其實任何人，只要知道自己的國家被冠上不好聽的稱號，都是會難過的吧。」

「大部分的人都有看色情刊物的經驗，全世界都一樣，而且頻率不低，對於這件事情，我不覺得日本和台灣有什麼差別吧！只是對拍攝相關影片和刊物的規範不同，台灣不合法，日本合法。如果硬要分別，我只能說，妳認爲日本人的色情是外向的，台灣的則是內向，如此而已。」

出乎意料的是，他說有很多日本人也會迴避談論這類話題。對某些人來說，在公開場合聊這類話題，就像回教人不吃豬肉一樣，觀念封閉的人也不少。每個人本來就不同，原來這一切都只是我的想像而已。

對於我們看不慣的人事物，我們自然會為他們取上一個外號，藉此建立心中的距離感。我想著，「變態」的心態，不管是台灣或日本，或是世界任何國家，應該都是一樣的，因為既然是指「偏離常態」的人，那就一定是少數。既然都是人類，哪有哪國比哪國「變態」的道理呢？只是文化和社會形態不同罷了。

我問自己，難道色情片在日本是合法的，又拍得很有名，就得被認定整個民族都是變態嗎？我一味的對日本人貼上這種標籤，比那兩位歐吉桑還失禮多了。

在日本的便利商店，都可以看見色情書刊在架上販賣；到了日本的商店，也常看到保險套區有人大剌剌地挑選，毫不害羞；即使日本表面上是個保守壓抑的社會，但性的解放，或許在日本算是很能被接受的，追求性這件事，不必負擔太多道德枷鎖。

當時在客艙裡，兩位歐吉桑開心地看著刊物，說穿了也沒礙著我什麼，或許我聽到的「可愛」、「香」字眼也不是在形容我，但我選擇把心中的那張標籤放到最大，不但增加了對他們的冷漠感，更把自己對服務應有的專業丟出機外。

一樣米養百樣人，或許下次再碰到乘客看這類刊物時，我會有不一樣的態度了。

11

領隊是敵人，還是戰友？

跟空服員一樣，帶國際線旅行團的領隊，也必須在飛機上服務客人，只是，我們彼此的立場不同。領隊也是空服員和團客之間的溝通橋梁，有的領隊可以是空服員的救星和好友，有的領隊卻也帶來困擾。

領隊的力量

曾聽同事這樣說：「一位跟團的小奧客，比單獨旅行的大奧客更可怕。」旅行團總有一種非常團結的力量，可以在短時間內，激起超強大的連鎖效應。

這樣舉例好了，當一個人說他不吃魚，會突然有十幾個人也說他不吃魚，你說這不是團結是什麼？

但你知道，唯一有能力，讓這些人短時間內「又可以吃魚」的人是誰嗎？就是偉大、辛苦的領隊們。

我常覺得領隊們遠比我們還了解客人，每天要當這麼多客人的「領導人」，安排食宿、趕行程、導覽景點，必要時，甚至還要扮演「娛樂」的角色。每次在飛機上碰到所謂的奧客，我都很難想像等等落地後，我們下班了，但這些正要開始上班的領隊們，要怎麼度過這七天、十天的旅程？

飛行時會遇到大量的團客，尤其是在旅遊旺季或是飛往旅遊勝地的航線上。所以，我們也直接接觸到大量的領隊大人們。跟客人一樣，領隊也是形形色色，什麼樣的人都有。必要時，領隊是我們的救星、好友，但有時，我們也好怕領隊上飛機。

超搶手的撲克牌

幾乎所有台灣空服員都有以下相似的經驗：

「您好，歡迎登機！需要幫您看位子嗎？」

「我是領隊，給我撲克牌，我團員有三十位，要至少二十副。」

「不好意思，因爲飛機裝載有限，今天可能上得不多，稍等我一下喔。」

登機時，走道上充滿著正在放行李的客人，爲了盡快滿足客人的要求，我們必須設法穿過這些忙碌的客人，有時也必須隨機停下來協助搬放行李。在「路途間」更會有許多客人要枕頭毛毯、報紙、眼罩等等。空服員都有強大的瞬間記憶力，聽似簡單卻非常複雜，我心中默念：

「29C要兩個枕頭、一件毛毯，31D要一杯溫水，36A一份《自由時報》（天啊，要回到商務艙拿！），那個領隊，那個領隊要什麼啊？啊！她要撲克牌。」

好不容易來到廚房，打開有裝載撲克牌的隔間（compartment）一看，完了，今天只有上兩盒（也就是二十副），我必須平均分配，又要幫回程做保留，因此仔細估算，我只能給該領隊五副。

「看來我必須拿其他小禮物替代了。」我從 bin（乘客座位上方的行李櫃，又稱「Overhead Bin」）上搬下一個箱子，打開後抓了十五包經濟艙綜合果豆，再拿紙袋把這五副撲克牌、果豆們，整齊排放。

手腕上掛著領隊大姐要的東西，腋下夾著枕頭毛毯，手上再拿著一杯溫熱開水，再度穿過登機戰場，心中默念誰要什麼，還必須面帶微笑，「您好，歡迎登機！」但背都已經濕掉了，才登機十分鐘，已經滿頭大汗。

拿著精美小紙袋到領隊大姐面前，我咧開招牌笑容，誠摯地對她說：「大姐，不好意思喔……今天撲克牌眞的上得不多，還有其他團客，我們也還有回程，我先給您五副可以嗎？這邊還有一些綜合果豆，眞的很不好意思。」

領隊大姐不悅地咆哮：「妳這樣叫我怎麼跟團員交代啊？我團員這麼多，你只給我五副，是有沒有在替客人想啊？要什麼沒什麼！妳這樣讓我很難做事情欸！」

「我們裝載就這一些，如果您需要，可以問一下回程的組員，但不能跟您保證一定有，眞的很抱歉……」

看到領隊大姐的態度，我心想，我們這趟飛行有得受了……

不太懂爲什麼「飛機上的撲克牌」格外吸引人？眞的不是每一款都是漂亮的。像這些這麼有經驗的專業領隊，一定知道飛機上的撲克牌是有限的，甚至都很清楚哪段航線會上幾盒，怎麼可能不知道我們的難處在哪裡？我想，或許這些領隊都受到來自客人很大的壓力。

起飛後，這位領隊大姐默默地把我拉到旁邊，也沒多說什麼，只有默默地說：「你們辛苦了……」

「你們空服員熱死活該啦，這是你的工作。」

有時飛機在地面時必須靠著地面氣源車發電，等到後推後（又稱「Pushback」，將飛機推離登機空橋、移動到跑道上的作業過程，通常由一輛特製的牽引車執行），便可倚靠飛機引擎。夏天時，悶熱的天氣讓人受不了，加上某些機種已經老舊，客艙冷氣有時候不太靈光，關在裡頭的我們，甚至幾乎感受不到空調。

那是個豔陽高照的中午時段，我們關在像燜燒鍋的客艙裡，客人抱怨著，但我們除了邊擦汗邊道歉、拚命遞水、遞濕紙巾外，也別無他法。

「各位先生，各位女士，這裡是機長在駕駛艙的廣播，歡迎各位搭乘中華航空由台北到上海的班機，我們目前已經完全就緒，但由於上海機場流量管制的原因，我們必須在此地等候三十分鐘，造成各位的不便很抱歉，也感謝您的耐心與諒解！Ladies and Gentlemen...」

這時，有位領隊起身對著空服員咆哮：「飛機拚命 Delay，冷氣又壞掉！你們是怎麼做事的！」

只見那區的組員立刻前往道歉、解釋，並表示還在等待上層通知後續處理方式，希望他體諒。

我眼看著姐的汗滴不斷從包頭流到領口內，面對領隊大哥的咆哮，姐只能面帶笑容回應。這時，我聽到一個聲音：「不要這樣啦！她們也很熱啊，你看妝都快花了。」

領隊大哥繼續斥罵：「你們空服員熱死活該！這是你們的工作欸！」

只看到姐默默地走回廚房繼續工作。我們互相鼓勵著：「沒關係，飛到上海很快的！」

讓我印象最深刻的領隊是這一位。

那是台北飛往奧地利維也納的航班，因爲是過年時段，機艙內坐滿人很正常，座位 overbooking 也是常態。但那天飛機上有個奇景：整個經濟艙不但爆滿，還被整整七個台灣團「攻占」了。

客艙經理看了艙單後，我們立刻進行小型 galley briefing（經濟艙的小簡報），想當然耳，今天特別餐一定是多到滿出來，負責廚房的組員一上飛機，就得打起十二分精神努力核對所有熱餐、餐盤、麵包數量，全體組員做完安全檢查後，也全部進廚房幫忙。

請我演一場戲的領隊

終於到了登機時間，大家站在自己負責的艙門旁邊，準備好「迎戰」。客人蜂擁而入！正當我忙著帶位、發送枕頭毛毯時，有一位戴識別證的領隊大哥把我拉到廚房。當時大家都在客艙忙碌，因此廚房暫時沒有人。

我記得他的模樣，身材不高但壯碩，大約四十歲，穿著灰色 polo 衫、立領，梳油頭，下巴留著一撮小鬍子。

我當下的直覺是「又要撲克牌了吧」，因此我直接詢問：「請問要撲克牌嗎？真的很抱歉我們今天的裝載……」

「姐，不好意思，想跟妳商量一件事情。」

當他這樣叫我時，我心想，連我們的術語都知道，看來是個經驗老到的領隊喔。

我見風轉舵地說：「嗨～有什麼可以幫忙你的嗎？」

「不好意思，等一下可以讓我兇一下嗎？」

他難以啓齒、吞吞吐吐地說：「這團是一整團老師、主任。出發前，公司已經提醒我這團不是很好搞，整趟要求會無上限，最重要的是，他們非常不信任領隊。」

我對他深表同情，畢竟在飛機上服務，最長航程也只有十六個多小時，但領隊最久可能必須和團員相處好幾天，如果碰到一個奧客已經夠難受了，更何況是「整團」。

「大哥，你希望我怎麼幫你？」我手上還抱著一堆毛毯。

「等一下，我可以兇妳一下嗎？我不會做得太過分，但我必須讓團員知道，我的心是向著他們的。演一場小小的戲就好，可以請妳幫我這個忙嗎？」

我嚇到了，當下並不知道要如何回應，但看到他眼神中的無奈，我該答應他嗎？

這時有位組員走進廚房：「姐，妳那邊還有毛毯嗎？我這邊的都發完了。」

我突然意識到我必須回到客艙了，我和領隊大哥說：「大哥我答應你，但麻煩大哥拿捏一下分寸，因爲接下來十多個小時，是由我來服務他們。希望你可以幫我保留一些顏面，好嗎？剩下的就交給你吧！辛苦了。」

我走回客艙，心裡有些害怕。但我心想，他大可直接兇我，也可以選擇不事先預告我、甚至是請求我的答應，這麼有同理心，我真的沒有理由拒絕他。

在登機的過程，我已稍稍感受到這群團客的「番」，換位子的換位子、嫌某種報紙被拿光、嫌走道太狹窄，連坐在緊急出口座位的客人，都不願意配合須知卡上的規定，逕自把行李撒在門邊，要求我獨自放上行李櫃。

這時，我突然聽到領隊大哥的一陣怒吼：「到底在幹什麼東西啊！」他開罵了。但我忍著，心想：「只是演戲，只是演戲。」

雖說覺得莫名其妙，但我知道大哥要開始演戲了，我也必須配合一下。

「客人一次上來這麼多，全部卡在走道上，難道你們都不會分配登機先後順序嗎？」

我說：「不好意思，我們已經盡量幫忙客人移動行李了，請見諒……」

「移動行李是妳的工作，還是我的工作？妳把這拿出來講，就能掩飾你們服務很差這件事情嗎？妳當我白癡啊？」

「妳知不知道你們×航有多誇張！每次都這樣！讓我的客人一登機就感受不好，以後還要搭你們的飛機嗎？」

我說：「真的很抱歉……機門口的地勤人員今天人手不足，可能沒辦法很有效率控制客人登機流量管理，我代表地勤人員跟大哥說聲抱歉，我們現在只能盡量疏通走道，讓登機更順利些。」

我心裡開始分析領隊大哥的策略：

表面上是罵我們，但其實是針對地勤人員，可以顯得我們很無辜，旁人看，只會覺得是領隊ＥＱ差，純屬情緒發洩→某種程度利於空服員。

客人聽到「我的客人」，會覺得領隊好挺團員！→利於客人以及領隊大哥自己。

我偷偷瞄了一下他的團員，每個都不吭聲，我想，或許他們不說話，其實是一件好事情？或許大哥的策略有不錯的開始。

等到全部登機結束，我的背已經濕了一大片，妝也漸漸花了。大哥的怒吼一直在我腦中，或許不是因爲他罵的內容，而是因爲他的聲音實在太「震耳欲聾」，一直迴盪著。

那一陣怒吼，很諷刺地搭起我和大哥信任的橋梁。

終於起飛了。飛機達到一萬呎的高度，我們可以起身打仗了。客艙經理用對講機宣布：「可以起來送餐咯，請小心安全。」

送餐服務開始了，今天的餐點有豆豉排骨飯以及西式的魚肉義大利麵。因爲整台飛機都被台灣團占滿，所以排骨飯立刻被發送一空，這也是意料之中的事。

這時，我服務到此「難搞團」的客人了。我拿出謙卑的服務技巧，認眞地向客人賠罪：「小姐很抱歉，現在只剩魚肉義大利麵了，請問您可以接受嗎？」

這位目測大概四十五歲的少婦冷冷地說：「我不吃魚，而且我有訂特別餐，你們都沒送過來。」

一人不吃魚，全團響應

不知是旅行社出了包，還是地面溝通出了問題，小姐的登機證上沒有特別註明，而且地勤傳來的資料上，也沒有顯示這位小姐預訂特別餐的紀錄。

姐這時立刻到商務艙詢問組員餐（空姐自己的餐點）中，是否有非魚肉的餐點，果然立刻調到一份雞肉飯，商務艙姐姐優先熱了這份餐點，也在短時間內飛快地送來經濟艙了。

「小姐，不好意思久等了，我們從組員餐中為您挑選了雞肉飯，希望合您胃口。」

這時，旁邊團員開口了：「她說她不吃魚，那我也不吃魚耶。」

「小姐，為什麼她說她不吃魚，就有雞肉飯可以吃？那我也對海鮮過敏啊！」

「小姐，我有叫旅行社幫我訂素食了，你們不但沒送來，還硬塞魚給我吃，這樣對嗎？」

姐姐的貼心舉動瞬間激起了「群眾力量」，不知怎麼地，整個團都無法吃魚了！我看看那位突然宣稱「吃素」的客人，卻已經把魚肉義大利麵吃個精光。

我和姐在對方的眼神中看到了無盡的無奈，是啊，當一個人不吃魚時，大家都不吃魚了。因爲客人一貫的中心思想總是這句：「他有，爲什麼我沒有？」

我無奈地看著他們指著我們鼻子罵，牽拖到我們公司服務有多差、多沒誠意。我心想：準備接客訴信吧。

這時，大哥突然站起來，比出一種武俠的手勢：「各位親愛的團員們！你們看空姐們剛剛已經好辛苦了，我們就讓她們工作方便吧！飛機不久就會降落了啊，我們下飛機後進飯店，就會立刻把各位送到最高檔的餐廳去了！所以大家別擔心、別著急啦，最道地的美食在地面上等著我們啦！」

領隊大哥對我使了使眼色，像是在告訴我：「不要擔心，包在我身上。」我心裡幫他取了新的名字：武俠哥。

武俠哥便一位一位安撫客人，我不知道他是使了什麼絕招，但整趟航程，我再也沒有被找過麻煩。

客艙燈光關了，客人漸漸都沉睡了，整場戲，也謝幕了。

客艙，就是妳的舞台

空服員開始輪值，一半組員去輪休，一半則留在崗位上。這時武俠哥掀開廚房門簾，要了一杯咖啡。我對他說：「辛苦了。」

他告訴我：「我剛進旅遊業時，我的主管跟我說：『帶團從頭至尾，就是一個舞台，要怎麼把戲做足，要如何讓自己工作順利、客人開心，就要看演員的功力。』」

我也幫自己倒了一杯咖啡，繼續聽他說：

「哎，或許是現在客人素質的關係，也或許是現在服務業過度強調以客爲尊，最近只要上班，當時主管告訴我的那句話，每一分、每一秒，都會跳出來。姐，謝謝妳。」

我們一人一杯咖啡，愉快地聊著。

我進公司受訓時，老師也這樣跟我說過：「客艙，就是妳的舞台。」

在空中服務，最常說的就是：謝謝和不好意思。被公司錄取後，我們開始接受嚴格的訓練，當年身爲應屆畢業生的我，在上線前根本不了解從事服務業會面臨的壓力，因此老師不斷提醒我們：「客艙就是你的舞台，我們都是專業演員，登機就是你演戲的開始。」

雖然我一開始被領隊大哥兇了；雖然事後許多同事不能認同我的做法，認爲我「憑什麼讓領隊想兇就兇？」雖然我也不知道，我究竟是不是爲了維護領隊大哥的尊嚴，而踐踏了我自己，但我知道的是，人與人之間就是靠一種磁場，而我和這位領隊大哥，在那天，一起演了一齣很棒、很棒的戲。

兩年過去了，至今我都沒忘記他。

12

空服員的專業不是賣弄性感

歐美國家比較重視飛機的「運輸性」，重視是否安全的將乘客由甲地載到乙地；反觀亞洲航空公司則更重視以客爲尊的服務，如今連空服員的身材、年紀，都成爲大家對一家航空公司的評判標準。究竟誰該爲這混淆的價值觀和工作文化負責呢？

空服員不是為了滿足性感的遐想

「客艙失壓時，氧氣面罩會自動落下，請您先拉下面罩或黃色拉帶，罩在鼻子與嘴部，以正常的方式呼吸，然後再協助他人……」這是空服員和旅客都很熟悉的安全示範廣播詞。

因爲不同航班的規定，有時會由空服員親自上陣示範，以組員的術語來說，我們總稱廣播組員「唱廣播詞」、示範組員「跳 demo」。不過每當在「跳 demo」時，我們總懷疑客人是否有在認眞學習逃生，還是在打量今日空姐「正不正」、「制服夠不夠緊」？

我常拿這個問題逼問男性友人，想當然耳，答案都非常一致：「擺在我面前，我不看白不看，當然是看空姐正不正啊！」但他們不知道的是，組員示範的 demo 中，每個「舞步」可能都是逃生時救命的關鍵。

先前和已退休的資深姐姐聊到空服員身高問題。

她問我：「妳知道三十年前，航空公司要求組員身高的初衷是什麼嗎？」我說：「嗯……因爲要搆得到 overhead bin（行李櫃），還有一般人認爲這樣制服穿起來比較修長、漂亮吧！」

她搖頭說：「妳說的只有一半是對的。原因絕不是因爲漂亮，而是因爲逃生時，可以在最短的時間內，拿到櫃上的逃生設備。」

有時候我很懷疑，究竟是誰、是哪件事情，讓大家把空服員的專業投注在「滿足乘客的遐想」之上？

每家航空公司只要換新制服，都會是個大工程，也會占滿各報的最大版面。大家的雙眼都關注著新制服的設計，因爲要能凸顯空服員專業形象，又要方便我們在飛機上工作不是一件容易的事。

記得之前某設計師在新制服發表會後，接受記者採訪。他表示，如果空服員的制服無法引起乘客遐想，就是設計師的失敗，更強調「空服員必須要是性感的」。

當時記者接著追問：「如果乘客對空姐有非分之想，會被航警抓起來耶！」這位設計師竟回答：「想一想而已，又不犯法！」

不管是空服員或乘客，制服的美醜皆各有看法，感受也見仁見智，但若制服設計「太過性感」，工作時需要隨時遮遮掩掩，造成工作上極大的不便利，對乘客來說到底好處是什麼？

幾年前也有一家航空公司高金禮聘了一位設計師，請他來打造全新的空服員制服。記得當時的設計因爲腰部太貼身、裙長又太短、容易穿幫，多次被空服員要求退回更改設計。設計師當時的回應竟然也是：「女人，是一定要有腰的。」

空服員制服的基本需求是方便、舒適、功能性，因爲艙壓和工作環境的限制，不管是材質、裙長設計，都應以滿足工作方便爲最高原則。但從這些設計師的言論，我們可以知道，他們是帶著一顆充滿男性想像的腦袋展開設計的。

究竟在他們死命設計出可以「滿足客人遐想」的制服時，有沒有眞正設身處地爲組員著想？又有沒有站在企業立場，以塑造組員專業親切的形象作爲首要考量呢？還是只有一心想利用自己的作品，來狠狠的「物化女性空服員」一場呢？

親愛的設計師們，你們有想過，組員每天穿上制服時想起您的言論，是會傷心的嗎？

最讓我意外的是，航空公司居然允許這樣的言論公開到媒體版面上。難道物化女性空服員是由航空公司一手推波助瀾而形成的嗎？或許我們可以從空服員的制服、企業的行銷策略上，看出女人的氣質、美麗，甚至是所謂的「性感」，都帶給了航空公司多大的廣告效益。

請將注意力放在空服員的專業上

每次看到這種新聞，我都很想大聲說：我們的存在是爲了執行飛航安全任務，您所謂的遐想需求，不應透過我們的制服來獲得滿足！

常聽到這樣的抱怨：「今天的空姐好老……」「當空姐，腿還粗成這樣？」我聽過最過分的是這一句：「空姐胖成這樣，也太不敬業了吧！」

我很想問他們，組員的年紀、身材究竟可以帶給你們這趟旅行什麼？這和是否能夠安全地讓乘客抵達目的地，有任何關係嗎？空服員也是人，你們會變胖、變老，我們就不行嗎？

記得剛進公司受訓時，老師曾告訴我們，中國某家航空公司在訓練新進空服員時，會幫每一位空服員設定標準「BMI值」，並定期做抽檢。如果發現某位空服員的BMI值超過了原先設定的標準，就會立刻拉班停飛，直到她將自己回復到原本的體態，才有回到飛機上服務的資格。

我滿好奇為什麼搭亞洲航空公司的飛機時，眼前都充滿著身材曼妙的空服「姐姐」；把鏡頭移到國外飛機上，則三不五時看到空服大嬸和空服大媽呢？是不是對他們來說，空服員的工作可以做到空服「奶奶」，只要有專業的空服知識，空服員便可成為一輩子的鐵飯碗？反觀亞洲空服員則是永遠的青春美麗，一字排開，永遠是空服「姐姐」。

但「姐姐」終究會變老，有些組員因生育而身材走樣，難道就沒有繼續工作的權利嗎？難道企業要持續用這種觀念，促使年紀大的、身材走樣的組員「知難而退」，而維持組員的身材水平嗎？

歐美國家比較重視飛機的「運輸性」，重視是否安全地將乘客由甲地載到乙地；反觀亞洲航空公司則更重視以客爲尊的服務，如今連空服員的身材、年紀，都成爲大家對一家航空公司的評判標準。

究竟誰要爲這混淆的價值觀和工作文化負責呢？

每一位組員在成爲正式空服員前，必須接受航空公司嚴格的訓練，包括緊急疏散措施、逃生梯船的使用、滅火程序、急救常識，甚至連野外求生知識，公司都嚴格地進行考核，以確保我們在意外發生時懂得應變。

這些，才是我們的專業。

當眞的不幸遇到飛安事故時，您要相信經驗老到的資深「空服大嬸」，還是選擇把生命安全交給身材性感到引人遐想、衣服緊到行動不便的「天降辣妹」？

下次空服員做安全示範時，請您把目光，從組員的身材上，轉移到我們雙手爲您指示的疏散路線上、或是前方椅袋的旅客安全須知卡。更請您把注意力放在我們的專業上。

空服招考訊息裡詳細列出空服員的工作內容，裡面從來沒有一項是扮演「性感小野貓」，而是能否安全地把乘客送往目的地、讓飛機平安降落，我們的年紀、胖瘦、美醜，又有這麼重要嗎？

13

「飛機上有醫生嗎？」

當我們乘坐飛機，人在高空、艙壓改變的時候，人體的反應是無法預測的。有時，乘客在機艙上突如其來的不適，就需要機組員和醫生的協助。機長會機上廣播，詢問機艙是否有醫生或護理人員，尋求專業醫護人員的協助。不過，在醫療糾紛頻傳的現在，醫生要起身回應機長的呼叫時，是不是又被迫多考慮一些？

飛在三萬英尺高度時，碰上乘客身體不適的SOP

「各位貴賓，現在機上有旅客身體不舒服，需要協助，若您是醫生或護理人員，請與我們的空服人員聯絡，謝謝。」

在過去的飛行經驗中，你應該有聽過類似的廣播，這是我們呼叫醫師（Paging doctor）的廣播詞。

當客人都在沉睡，客艙裡也寂靜無聲時，這樣的廣播都會讓大家心驚膽戰，我們都走進客艙裡，豎起耳朵，生怕錯過任何一道響起的服務鈴。

我自己碰過不少次Page Doctor的案例，很幸運地，這些案例都沒有嚴重到必須即刻轉降，不舒服的客人，也都很順利地和大家一起抵達目的地。

一次在飛往美國洛杉磯的班機上，遇過焦急的媽媽來廚房求救，因爲她的兒子起了紅疹，全身癢到不行。事務長（經濟艙全體空服員的領導者）呼叫醫生後，一位坐在商務艙的婦人立刻走過來，拿出自己的護照和醫師執照，表明自己的醫師身分。客艙經理通報機長，組員立刻組成三人小組，有組員拿出醫藥箱，我則是負責記錄每個動作的進行時間。

這位婦人是在美國開業的內科醫師，雖然不是皮膚科專科，但有醫生在飛機上，我們已經感到無比幸運。我們打開醫藥箱後，她仔細地從箱內分門別類、滿滿的藥物中，找到了適合的藥。平時若沒有醫師的核准，我們是不能給乘客任何藥物的，但小弟弟幸運地碰見了有牌照的女醫師，在吃藥後，也慢慢地好轉。

另外，在一班從澳洲飛回台北的班機上，我也曾親眼看到自己的客人缺氧，臉色慘白，昏倒在走道上，當時身邊的客人全都嚇壞了。

在呼叫醫師後，組員大哥一個箭步，背著氧氣瓶前往協助，大家合力，才把癱軟、缺氧的客人從走道上抬到座位，我們也即刻重新安排了周邊客人的座位，讓他得以有空間，好好躺著休息。

客艙經理也廣播，請所有的客人都暫時不要起身離座，以免影響急救工作。好在吸了氧氣後，這位客人的臉色漸漸紅潤。記得當時，並沒有成功呼叫到醫生，一切的一切，只能倚靠組員的團隊合作。

發生這種緊急事件時，場面其實不免混亂，空服員必須有靈敏的反應，立刻團結起來：有組員負責照顧病人；有的負責記錄、協助；有人負責與機長保持聯繫。發生事情時，其他乘客不一定沉睡著，或許他們正在用餐，甚至親眼目睹了乘客昏倒的畫面。這時，空服員安撫周邊客人的工作就非常重要，因爲唯有全部乘客都冷靜了，空服員才能順利地進行標準作業程序。

如果嚴重到必須緊急降落在其他城市，我們更必須在三十分鐘內，做好降落前的所有準備工作。

雖然大家都會避免在生病時坐上飛機，但很多人不知道，在高空中、艙壓改變的時候，人體的反應是無法預測的。同樣是位酒量超好的漢子，在地面上或許可以千杯不醉，但在三萬英尺的高空中，可能一杯黃湯下肚，就會有不舒服的反應。

對於飛行中的緊急醫療救護、醫療設備，民航局對航空公司都有嚴格的要求，這幾年來飛機上都開始備有自動體外電擊器（AED），地面的醫療機構也隨時待命，可接受緊急的諮詢。我們常開玩笑地說，組員的血液裡都流著一套標準作業流程，但不得不說，一旦發生事情了，我們還是非常需要專業醫療人員的協助，這也是爲什麼比起一般女孩，有護士執照的人，都比較容易考上空服員。

所幸，大部分乘客的不舒適，只要喝些溫水、多休息就能解決。許多問題也可以經由受過訓練的空服員，或是倚賴氧氣瓶，就可以暫時減緩，幸運的乘客若遇到願意協助的醫生，也可以在短時間內恢復正常。熱心助人的天使非常多，我還碰過有醫生主動出面關心哭鬧不止的嬰兒呢。

在很多電影裡，如果有人在飛機嘔吐啦、昏倒啦，甚至是心臟病發作，就會很碰巧地有醫生出面協助，而且這些醫生的醫術都非常驚人，不管是任何症狀都有辦法醫治。事實上，不是隨時都這麼巧的。

重點不是飛機上是否有醫生，而是，這些醫生，眞的都會出面嗎？

要救人還是自保？誰逼醫生做選擇？

以我們的想像，會覺得基於醫德和獨有的專業，醫療人員必須要出面。但反過來想，如果你是醫生，你會出面嗎？

我想應該很少人探討過這個問題，因爲大家都不知道撇開醫生的道德，背後隱藏著多大的醫療責任問題。

某天下班後我和一位朋友蘇醫師約吃飯，碰巧這個問題一直在我腦中轉著，便隨口問他了：

「你在飛機上聽過被呼叫嗎？」

他一邊吸著麵條一邊回答：「有啊！」

「眞的嗎？可是你是牙醫欸，你有過去嗎？」

「我去了，即使我是牙醫，但我也應該有些小小的專業，是一般人沒有的，或許幫得上忙。」

「那你聽到廣播的當下，有沒有一絲絲的猶豫，擔心醫療責任的問題？」

「嗯……醫生本能的直覺反應，就是要去看看病人。」

我知道他沒有正面回答我，但我相信，這個問題不只牽涉到「醫生的本能」這麼簡單而已。蘇醫師的反應非常合乎醫師的專業及道德標準，但所有的醫生都是這樣嗎？

他拿衛生紙擦擦嘴巴，思考了一下，接著說：

「我有個醫生朋友，在飛機上曾想要去協助，但在起身的那瞬間被太太阻止了。」

「咦？爲什麼？」

「因爲他太太生怕一旦事情處理不好，要背負比一般人更重的責任欸！況且，在這種人人都不相信專業的社會，醫療糾紛永遠解決不了，如果想到這裡，誰還敢出面啊！」

他搖搖頭，接著說：「每當類似的事情發生了，整個社會輿論都在罵醫生。欸，**醫師也是人，難免會失誤，治療的過程也可能會有輕微的併發症，甚至宣告救治失敗。拜託！在醫院裡就常發生這種事，更何況是在醫療設施超簡陋的飛機上。**」

其實碰到這種狀況，一般醫生擔心的是症狀和自己的專長不符合，而醫生「身邊的那個人」所擔心的，卻是後續的問題。在日常生活中，大家都會針對自己的症狀，選擇要看那種醫師，若是找錯專科，醫師也會幫忙轉診，轉到最適合的科別。

鏡頭轉到三萬英尺的高空上，相信在緊急情況發生時，我們受到不認識的人出面幫助和關心，會覺得十分感謝。

但看著主動幫忙的醫療人員，我們是否完全忘記眼下的情況，可能不符合他的專長？我們是否認爲他們的專業應該要是全面的，但若是發生問題了，必須負全責的，是否也在他？

聽著那位「太太阻止醫師丈夫」的故事，我相信已經有愈來愈多醫生，因爲擔心捲入醫療糾紛、成爲訴訟的對象，而選擇不願回應機長的呼叫。我想，這份無奈的冷漠，問題出在誰，是那位生怕丈夫出事的妻子、被阻止的醫師，還是已經失去醫師信任的社會大眾？

事實上，**全球已有很多航空公司，幫自願協助生病乘客的醫生買醫療糾紛保險，甚至有國家已經完成相關的立法**。反觀在台灣，不但醫療負擔很輕，還可以超便利地告醫生，導致很多醫生對在飛機上救人的後果，心存顧慮。

如果我們再這樣動不動就開記者會、對醫生提告，將來要再找到熱心救人的醫師，會不會愈來愈難？

有時候會想著，再這樣下去，對飛機上的醫生夫婦來說，自保，或許會比救人更困難。

絲襪下的一道道傷痕

一道道烙印

隨著服務觀念愈來愈普及，空服員的工作精神除了最基本的「飛航安全」外，還必須注意服務的每個細節。廚房對空服員來說，是個溫暖的小空間，但只有在服務結束後，繁忙時，就是個戰場。我們的使命，就是在這個狹小的空間裡，以最快的速度完成所有繁重的準備工作。

在上飛機之前，客艙經理會在組員中心帶大家做簡報（Breifing），複習、抽問安全知識及口令，再交代當日航班特別需要注意的地方。許多經理都會在簡報結束前，提醒大家：speak softly, work gently。

這句話，在平時對優雅的女性，都不會是難事，但在廚房裡面對分秒必爭的工作時，卻變得格外艱難。即使是經理耳提面命，難免還是有很多組員發生工傷，在很多組員的絲襪裡，都是一塊一塊的瘀青；在很多組員的手臂上，我們都會明顯看見燙傷的疤痕。

乘客在餐盤上看到的熱餐盒，都是組員在烤箱裡一個一個熱好，再戴上隔熱手套，一個一個塞進大餐盤上的小餐盤中。烤箱中的餐筐有一層一層的鐵架，非常高溫，有時組員在忙碌中會一時忘了戴上手套，或是爲了節省時間，直接拿濕紙巾代替。雖然資深組員都有一雙鐵沙掌，但她們在資淺時期，被燙傷的案例更是不勝枚舉。據說曾因泡麵服務，在亂流中燙傷組員及孩童，因此爲了保護乘客的安全，泡麵服務全面取消。

寫到這裡，我突然想起自己第一次打廚房（負責廚房工作）時，正好是超趕的上海班，落地後發現手上被烤箱燙掉了一塊皮，但在飛機上渾然不知。廚房中的工作處處都是危機，更遑論在亂流中被咖啡、熱茶潑傷了。

在組員優雅的笑容底下，是辛苦的烙印。

PART III

那些難忘的心情與故事

14

媽媽是我最深的牽絆

我一直想著，剛剛上接車前，是不是應該要回頭？……這十二小時的航程裡，媽媽一定會擔心我是不是平安，那如果真的不平安怎麼辦？難道我這輩子跟她說的最後一句話就是「你們根本一點都不懂我」嗎？

出任務前，跟媽媽吵架

每次要出任務時，媽媽都在門口「目送」我，長班她更一定會站在窗邊，看我上接車前的揮手，才放心進屋子去。

二〇一四年一月二日晚上，要飛溫哥華，我卻在上班前和媽媽大吵了一架。

那天我們究竟是爲了什麼而吵？其實就是媽媽不開心我明明一月一日晚上要飛長班，但十二月三十一日晚上卻跑去和朋友跨年。

她當時顧慮的是，這樣我無法適當休息，長班會太勞累。但她並不清楚我安排的理由，她心中只有深深的刻板印象，認爲要出國前就必須睡上整整兩天，好應付到當地後的時差。

先姑且不論媽媽的不開心是否合理，但當時我並沒有好好跟她解釋，更沒有跟她說，其實針對這樣的任務，我的休息是足夠的。在被媽媽大聲斥責時，我總是無法保持自己的理智，因此我們就這樣吵起來了。

「你們根本一點都不懂我！」我一邊含淚、撂狠話，一邊整理大小行李。

我把厚重的衣服甩進大箱裡，砸進幾個暖暖包，就連每天陪我睡覺的維尼熊，也被我硬生生塞進行李箱裡。

我心裡好慶幸即將要飛的長班任務，而不是當天來回班，因爲有至少整整四、五天不在家，更不用日日面對那個老太婆。整理行李的當下，我甚至有種「好想飛出去，再也不要回來」的念頭。明明就是整理上班的行李，搞得好像在演出一場離家出走的內心戲。

晚上九點半到了，接車已經在樓下等我，我迅速套上超美的大衣，穿上高跟鞋，和安妮扛著行李下樓，接著直接上了接車。

不要說揮手了，就連回頭看一眼，我也不願意。

在車上，我賭氣跟自己說，落地後除了報平安外，乾脆都不要跟爸媽聯絡，看他們怎麼想念我。

我習慣在心裡不斷地撂狠話，好掩飾我心中的難過，但一切都在那個時刻，開始不對勁了。

接車到了公司派遣總部，我們開始任務前，一定要做的任務前簡報，對基本的飛航、逃生程序做測驗、抽問，客艙經理順便預報人數，也和大家交代這次任務需要注意的地方。那晚我的表現特別差，原本可以倒背如流的逃生口令，講得也不是很順。

那天的客艙經理是以嚴格出名的，我戰戰兢兢地完成了簡報。可以確定的是，經理可能已經在心中暫時幫我打了不及格的分數（註：客艙經理必須在每個航班結束後，針對每位組員的工作表現評分，作為各組員的考績衡量標準之一）。出門前，晚上在家裡發生的事，多少影響了我的工作心情。

任何敬業的人都不會允許自己把情緒帶到工作崗位上，對吧？我告訴自己：「Suck it up!」只不過跟媽媽吵個架，有什麼大不了嗎？怎麼可以影響工作表現呢？

上帝總是愛捉弄人，當你刻意想暫時忘記某件事情時，祂總是很慷慨的，製造各種情境讓你再度想起來。

上機後，我最想做的事就是回家

起飛後，第一個服務的客人是一對年輕母女，小女兒目測只有三歲左右。我送上豐盛的兒童餐。

「哇～感覺好好吃喔！快跟阿姨說謝謝。」媽媽在小女兒耳邊輕聲地說。

「阿姨謝謝～」小女兒水汪汪的大眼睛盯著我看。

「不客氣～妳好漂亮喔！阿姨等一下拿點小禮物給妳好不好？」

小女兒可愛到我都沒發現自己自稱阿姨了。

走回廚房的路上，我想起十九年前爸爸還留在美國拿學位，因此是媽媽獨自帶我從美國飛回台灣，那時候的我，也只有三歲。

媽媽年輕時，爲了陪伴爸爸到美國，辭掉了在銀行的工作，舉家就這樣過去了。那時生活並不優渥，爸爸工作忙碌之餘還要做研究，因此由媽媽辛苦地隻手撐起了這個家，不但要照顧哥哥，帶他上學、做功課，還同時懷了我。

媽媽到今天都還戲稱自己是「全世界最堅強的孕婦」，因爲當時除了幾個鄰居朋友，沒有人可以長期照顧媽媽安胎。

而我又是個不乖的早產兒，所以，羊水提早破了。據說發生的當下，爸爸還在醫院忙碌，因此媽媽是在鄰居朋友的幫忙下到醫院的。好在推進產房前，爸爸終於趕到了。

想起了這個故事，再看看眼前那對可愛的母女，突然間覺得媽媽眞是我的偶像。

服務完第一輪餐點後，客艙燈關了，客人睡了，也換我們休息了。

輪休時躺在狹小的床上，滿腦子都是「小劇場」，完全睡不好。我一直想著，剛剛上接車前，是不是應該要回頭？就算我拉不下面子揮揮手，是不是至少也要看一眼？媽媽站在窗邊看到我臭臉上接車揚長而去，會不會很難過？這十二小時的航程裡，媽媽一定會擔心我是不是平安，那如果眞的不平安怎麼辦？難道我這輩子跟她說的最後一句話就是「你們根本一點都不懂我」嗎？

爲什麼剛剛我急著想逃離家裡，但上了飛機後，我最想做的事就是回家？熬了十多個小時，終於抵達加拿大了，我目送著那對可愛的母女離開，腦袋覺得好累，不是因爲沒睡好，而是看著她們，我既羨慕又懊惱。

爲了不想被同時間落地的他航組員搶先過關，組員都會用飛快的速度整理好行李下飛機，不太有閒暇的時間可以慢慢走路、用手機。因此直到我們 check in 飯店房間後，我才有空拿出手機、收網路。

那時，看到媽媽兩封 line 訊息：

「順飛。」

「到了嗎？在外地凡事小心。」

我脫掉高跟鞋，躺到床上回訊息：「我剛 check in 房間，累壞了……媽媽對不起……我不該找你吵架的。」

訊息送出後，我只想回家。

接著，我連制服都還沒換下，就這樣睡著了。

我和媽媽的關係一直都是這樣，感情好的時候黏得緊緊的，其中一人心情不好時，還會不惜把爸爸趕到別的房間睡，母女「共度良宵」；但吵架時，可以吵到把屋頂掀起來，這時最開心的應該只有爸爸，因爲吵架時，我心情再怎麼不好，都不可能去跟他搶床位。

最常在外站（註：國際線的目的地，英文稱 outstation）掛念的對象，不是男朋友，而是媽媽。長班前若是吵了架，會一時迫不及待地想飛出去，但上了飛機後最想做的事情，就是回家，因爲飛出去後能不能平安回來，連上帝都無法打包票。

人的生命隨時都可能消失，永遠都要記得把遺憾降到最低，讓心靠岸。寫到這裡，突然感覺有點害羞，先去給媽媽一個擁抱吧。

15

服務一位看不見的客人

大多數的旅客都是爲了旅遊、商務而飛行，但有一些旅客飛行的目的，不如一般人那樣平常，而是具有更特別的意義，例如，帶親愛的家人「回家」。

我們常往返世界各地，不管是在國外某些知名景點或飛機上，特別是外站飯店，難免都會聽聞，甚至是遭遇一些奇特的事情。即使我總自稱「八字很重」，又信主，但也曾在幾個飯店裡碰到古怪事，像是床腳被持續搖幾下啦，或是出外遊玩後，發現房間出現了不是自己的東西，諸如此類令人毛毛的經驗。

特別的一家人

這個令我印象深刻的家庭，共有四位成員，但卻只有三位，是我們看得到的。

一個秋天的午後，我被抓飛了一個台北—北京—台北的任務。記得那天在北京飛回台北的Boarding（登機）非常繁忙，客艙裡都是西裝筆挺的商務客，看著他們正式的服裝，我想或許他們一到台北，就要立刻去談生意，或是參加重大會議吧。

商務客最喜歡看各種商業類別的報紙、雜誌，像是《工商時報》、《商業周刊》之類的刊物，我們都必須到商務艙和資深姐姐「請益」，看看是否可以拿幾份到經濟艙。又因爲這些商務客都是散客，所以拿了一兩份回來後，可能又會有好幾個人，零零散散地說要看這些東西。所以在塞滿客人的走道上跑來跑去，又要這樣來回不停地「拿刊物」，眞足以讓我們忙到焦頭爛額。

那時，我在客艙裡忙到滿頭大汗，不透氣的制服也緊緊黏在我的背上。突然有一個女孩輕聲叫住我：「姐姐……不好意思……」

我抱著一大疊雜誌走過去，汗珠也從頭皮流下來：「您好，有什麼需要幫忙的嗎？」她胸前背著一個 The North Face 的黑色大型後背包，一手抱著，一手則在背包底部用力撐著。

「姐姐……它很重很重，也需要好好保護，請問你們有什麼地方可以安置它嗎？」我看女孩的年紀大概只有十歲左右，卻有很深很深的黑眼圈。

「當然可以啊，我可以幫你找找有沒有櫃子可以騰出空間，請問包包裡面是易碎物品嗎？」基於安全因素，我不得不多問這句。

「姐姐……包包裡是一個骨灰罈，他是我爸爸。」

聽到的當下，我心裡有一點點傻住，但一瞬間便轉換成了鼻酸。我看這位女孩身旁還有另一位妹妹，看起來也只有讀幼稚園的年紀。當下我眞不知是否該收起臉上的難過，因爲我深怕我的同情，只會對她們造成二度傷害。

這時有位小姐從廁所匆匆走出來，我看她也是滿臉的憔悴，她說：「小姐，這兩位是我的女兒，不好意思……剛剛有點內急去上了廁所。這個包包現在是我女兒用身體在支撐，等等拿下來時需要人攙扶，因爲它非常重，我怕妳忌諱，讓我來吧。」

「怎麼會忌諱呢！別擔心，請妳跟我來。」

我們再次確認PIL（Pax Information List）上沒有他們特別付錢申請CBBG（占位行李）的紀錄，因此這個包包屬於隨身行李，我們必須找個安全的地方放置它。

我打開一個長型置物櫃，通常裡面都放滿了空服員的黑色行李箱，我很幸運地發現還有一點空位，在得到姐姐們的同意之下，我先是鋪了幾條毛毯，再幫女孩把包包拿下來。拿下來的瞬間我感覺到它的重量，眞不是一般的沉重，要不是媽媽在一旁幫忙攙扶著，我想我的雙手也無法支撐。

我們一起把它放進置物櫃，我也拿了好幾個枕頭放在旁邊固定，生怕它會因爲飛機搖晃而受到撞擊。直到母女三人看了都覺得安心，我才把置物櫃關上。這樣說或許會有點詭異，但我在關上置物櫃前，還悄悄看了他一眼，心想：「我們會和你們全家平安帶你到台北的！」

安置好後，我才發現剛剛的刊物都還沒送到客人手上，眼看快要關機門了，我趕緊一本一本送去，被許多看起來非常不耐煩的客人白眼了好幾回，還有人因此生氣地大罵：「你們的服務也太慢了吧！」

起飛後，媽媽先是幫女兒要了耳機，然後才用右手撐著頭睡著了，左手則是牽著小女兒，看得出媽媽身心非常疲累。

飛行途中，母女三人都很客氣，也不太會互相交談，只記得晚餐後，大女兒跟我多要了兩個白巧克力方塊酥。母女三人感覺心平氣和，與那些十分鐘看不到雜誌就破口大罵的客人，形成強烈的對比。

我知道自己沒有資格多詢問什麼，只能不時地過去看看狀況，必要時，給予多一點的協助和關心的眼神。和安置大包包時的心情一樣，我擔心自己的過度關心會造成他們的困擾，甚至害怕自己的同情會讓他們更加難過。

帶親愛的家人「回家」

機長廣播要往台北降落前，媽媽問我，降落時是否可以抱著大包包，基於其他旅客和她自己的安全，我很不忍心地拒絕了。因爲按照規定，在降落的過程中，旅客身上是不可以背著任何包包的。看著她擔憂的神情，一旁的組員提出了另一個方案：「不然我們再 check 一次好嗎？看看要不要加強固定，這樣你們會更放心。」

我帶著媽媽走到置物櫃旁，另一位組員也抱著幾顆枕頭一同過去。在我們重新調整後，媽媽表情看起來安心了許多。要回座位之前，我們提醒她，落地後記得先留在位子上，等到所有客人都下機，我們再一起把包包拿出來，協助她們背上。

聽到這句話，她終於止不住眼淚，卻一個字也說不出來。姐姐一起摟著她的肩膀：「沒事沒事的，一切都會很平安，我們就快到了呢。」

平安落地後，母女三人留在位子上，直到我們走過去，她們才起身。我和同事一起把包包搬出櫃子，在協助妹妹背上時，聽到妹妹說：「爸爸，我們到家了。」

我把她們送到機門口，給媽媽一個擁抱，媽媽輕聲地說：「眞的很謝謝你們……」眼看她要是再多說一句，可能又無法控制自己的眼淚了。看著她們的背影慢慢離去，幾乎所有在場的組員全都鼻酸了。

大多數的旅客都是爲了旅遊、商務而飛行，但有一些旅客飛行的目的，不如一般人那樣平常，而是具有更特別的意義，例如，帶親愛的家人「回家」。

我想，那天客艙裡的旅客，若是聽到客艙裡有骨灰罈，或許都會避而遠之，甚至因爲忌諱，而要求把座位換到很遠的地方，這些都是可以理解的。

但身為空服員，每天在飛機上看到的，並不一定都是旅行帶來的歡娛，有時候，我們必須親眼見證這些生離和死別。

因此那天費盡心思，保護妹妹身上的「大包包」，讓母女三人可以把爸爸平安送往另一個旅途，對我們來說，更是一個充滿意義的任務。

16

在外站重拾節日真正的意義

傳統節日是給我們一個機會，和最特別的人一起慶祝、一起感恩。而很不幸地，近代人過節的第一法則不外乎：購物、購物、購物。

在台灣過慣了各種節日，跨年、過年、生日、情人節、母親節……傳統節日通常和親友一起慶祝，不免常被長輩問到「和男朋友什麼時候要結婚？」「空姐一個月賺多少錢？」這種老掉牙的問題。

每每被問到這個問題，很少感受到對方真摯的關心，反而常嗅到長輩間濃濃的較勁味，好像誰的孩子賺比較多，就比較有成就一樣，或誰家的女兒嫁給了有錢人，就是一件值得拿來炫耀的事情；至於年輕人流行慶祝的節日，像是跨年、聖誕節，也常演變成被酒精和金錢堆出來的聚會。

每到各種節日，就是商人營造氛圍的最佳時機，只要可以讓我們消費、購物，他們就可以幫每個人找到送禮物的理由。雖說節日是讓身邊的人團聚的好時機，但很少人反思過節日的眞正意義，我也從來沒思考過，直到我踏進了空服圈。

「節日」對空服員來說可以是歡樂的，也可能是空虛的。因爲你永遠不知道，到了下個節日，你人在哪裡，是否有人陪伴？或者，你不知那時在你身邊的會是誰，是同事，抑或是陌生人？在每個組員的回憶裡，都有好多繽紛的異國節日，也有不少寂寞的季節。

聖誕節：和好朋友共同品味的熱紅酒

上線的第二個月碰巧是十二月，我也很幸運地，在這個台北—法蘭克福的航班上，和一起受訓的朋友家宇，接受長班的第一個考核。

記得出發前，在前往機場的路上，我和家宇互相檢查妝容、抽背逃生口令。「家宇，如果到德國後都沒有組員理我們怎麼辦？」

超氣質的家宇溫柔地說：「那我們就自己出去玩啊，妳看！我連地圖都準備好了！」看著那張地圖我非常驚異，除了很驚訝她的用心，我也很意外現在居然還有人使用「紙本」地圖！

這趟工作很順利，航班上幾乎都是歐洲客人。或許是被聖誕節的氣氛感染了，那天的歐洲客人特別活躍，有些人的衣物有著各種「紅配綠」的搭配，有孩子戴著聖誕帽登機，還有很多客人搶著要酒喝。

我身上帶著一本隨撕便條紙，上面寫著：「53k / Gin Tonic 、37F / whiskey...」並用正字標記，哪位客人坐哪裡、喝了什麼、喝了幾杯，生怕一不小心，就讓客人喝醉了。

或許這些聰慧的歐洲人都看得出我是隻菜鳥，也可以輕易剖析我的腦袋運作，知道我不曉得如何拒絕客人，所以，特別愛來和我要酒。倒是家宇表現得比我還好，不斷用巧妙的方式替我「擋酒」，像是在遞酒的同時，嚴肅地說：

「hi sir, enjoy your last one.」

自然，我也用了這個「擋酒金句」，成功地拒絕了接下來不少的order。眼看著可愛的他們失望地回座位，也莫名的有種成就感。

輪休時，我和組員大哥一起整理廚房，把早餐一筐一筐的抬進烤箱裡。邊聊天時，大哥問：「這趟妳和家宇有什麼計畫嗎？明天想去哪裡玩？」

我害羞地說：「大哥，我們第一次來耶，對這裡完全不熟，你有什麼推薦的地方嗎？」

大哥大笑：「哈哈哈，妳們超幸運的！每年聖誕節，這裡都會舉辦一連串的聖誕市集活動，從飯店出發，走個十幾二十分鐘就到了。除了有很多特別節目和攤販，還可以喝熱紅酒，要不要帶妳們一起去？」

其實我只聽到「紅酒」兩個字，於是，二話不說地就答應了。

「好啊！大哥。那我們到飯店後就出發嗎？」

「妳是第一趟太興奮了嗎？工作十三個小時，下飛機後妳會直接累倒的，先睡個覺，晚上再帶妳們去。」

或許也是深受熱紅酒吸引，那晚加上副機師，總共有六個人一起前往。我們的飯店就坐落在緬因河畔，我們沿著河畔散步過去。

或許大家都去過了，沿路上瘋狂拍照的只有我和家宇，但他們也沒閒著，在旁邊盡是出些鬼點子，要我們在鏡頭前擺出最特別的pose，希望幫我們留下一個最搞笑的回憶。

舉辦聖誕市集的習俗來自奧地利和德國，至今已經有近八百年的歷史，而且從十一月開始就有一連串的活動，除了傳統的美食和節目，也有很多來自歐洲不同國家的攤販，販賣異國的美食和文創小物。對歐洲人來說，聖誕季節就像我們的過年一樣，想像一下，過年時我們的迪化街有多熱鬧，這時的歐洲街道就有多熱鬧。

小時候對聖誕節的想像是很夢幻的，除了四處要布滿閃亮的燈泡，還要有繽紛的聖誕樹和小木屋。沒想到環顧四周，眞的到處都是這種景象。

我念念不忘的是所謂的「火焰烤餅」（Flammkuchen），吃起來像是披薩，但不像一般的pizza 這麼多料、這麼複雜，而是用我最愛的酸奶油爲基底，配上幾種當地配料和醃肉，大哥說，這是絕不能錯過的德國冬季美食。

之前聽說聖誕節就是「熱紅酒」的季節。雖然我自認很喜歡喝酒，但從沒想過熱的紅酒喝起來是什麼滋味。我們六個人在人山人海中，好不容易找到一張桌子，由德文說得超溜的大哥爲我們點了一人一杯，還配上德國小點。

「Cheers！」

我們齊聲大喊、乾杯。我忍不住擺出海派架式，作勢要一口乾掉。

大哥連忙提醒：「別喝太快！它不只是把紅酒加熱這麼單純而已。」

原來手中的這杯熱紅酒，是加入了蘋果、柳橙、肉桂、丁香等香料，喝起來更暖心紓壓。在寒冷的空氣中飄著濃濃的酒香，眼觀四方，看到身邊的人幾乎人手一杯，大家臉都紅紅的，好可愛。

熱紅酒通常都用印有當地特色的馬克杯盛裝，喝完後把杯子

在聖誕節的寒風中，和哥姐一起享用暖心熱紅酒。

還給店家，但如果太喜歡手中的杯子，也可以付三至五歐元，把杯子帶回家做紀念。我和家宇毫不猶豫地走過去付了錢，店員幫我們把杯子清洗、擦乾淨後，用個牛皮紙袋包裝好，熱情地說：「阿哩嘎多～ Merry Christmas！」

我和家宇都笑了，原來在這裡，只要是亞洲面孔，都會被認爲是日本人。

過去和家人去品酒，我都覺得慢慢喝酒的姿態實在是有點做作，但在飄雪的季節裡，把手套脫下拿著杯子，慢慢喝著滋味豐富的熱紅酒，我終於知道怎麼「細細品嘗」了。

由於聖誕市集的熱紅酒風味實在很特殊，我和家宇在回台灣前，又再度去品嘗了一次。家宇對我說，我們絕對不能忘記這個時刻，因爲下次可以一起再來這裡過「聖誕節」、喝熱紅酒，又不知道是什麼時候了。也因爲如此，我們這個聖誕節，過得比誰都還有意思。

母親節：市集裡那不起眼的小布心

二〇一四年五月初，我很幸運地被排到了六天布里斯本任務。爲何會說「幸運」呢？通常澳洲線都是組員的最愛之一，因爲飛時短，在外站休息的時間也夠久（相對於美國航線而言），更重要的是，在澳洲可以做很多事情打發時間。可以很勤奮、很拚命地到外島去遊玩；也可以選擇很悠閒地，和三五個組員相約一起去公園烤肉、喝喝啤酒。若眞的不知道要做什麼，也可以到飯店樓下的酒類專賣店，精選個一瓶好酒，到房間慢慢品嘗；或是到附近港口散散步，度過愜意的幾天。

很剛好地，母親節也即將到來。空服員生涯的第一個母親節，人又剛好在國外，是否應該要在外站幫媽媽精挑細選個禮物？

我家母親大人對禮物可是很挑的。從小到大，凡是母親節或是她生日時送上禮物，都要事先深呼吸、調整心情，因爲除了很難挑到她中意的禮物外，她更會追著我們審問：「這個多少錢？」「天啊一千塊？怎麼這麼會花錢啊？」「我有跟你說我需要這個嗎？」接著引來一陣說教。這位超勤儉持家的媽媽，最後好像只在乎幫我們看緊荷包，從來沒有注意到禮物的本質，或者是……我們的心意（？）。

心裡想著她張牙舞爪的表情，我不禁打了個冷顫，心想：「天啊……我一定要好好挑個超精美、超有誠意的禮物！」

那天午後，我左手握著一杯熱拿鐵，右手拿著一塊牛肉派，穿著薄外套和輕便的寬鬆棉褲，打算到離飯店大約三個街口的商店街逛逛。

一邊走走看看，我心裡盤算著以下兩種禮物：

潘朵拉硬式手鐲＋一顆漂亮的墜子：基本上，我對潘朵拉的商品沒有太多了解，只知道愛上潘朵拉就是一條不歸路。因爲可以藉由個人的喜好，選擇自己專屬的手鍊，並花時間搜集、搭配，串上一個一個造型吊飾，更可以因應各種心情、節慶選擇購買限量款的串飾。雖然自己沒有認眞研究過，卻深深佩服這種「可創造高返客率」的商業手法和概念。除此之外，這些自己精心設計的漂亮手鍊，飛機上的組員幾乎人手一串，這麼受歡迎，我還在猶豫什麼呢？

茱莉蔻護手霜組：在高空上工作，雙手的肌膚會因爲艙壓和冷氣變得又冷又乾，嚴重時常常有靜電的現象，因此身爲「肩包裡、行李箱裡、化妝包裡都是護手霜」的空服員，當然是護手霜的最佳代言人啊！想必以我的高標準，不可能會挑到令媽媽失望的款式。

到了潘朵拉手鍊的專賣店，我開始淹沒在琳琅滿目的銀鍊、金鍊、串飾或吊墜造型的Charms中。大概是華人太多了，店裡還有說中文的店員，興致勃勃地爲我介紹各種款式。我先是拿出媽媽的照片，說我要買一個最適合媽媽，戴起來有質感，不可以太老氣，也不可以太過「裝年輕」的手鍊。

「當然！我們有母親節限定款呢，包準妳媽媽一定會很喜歡！」店員很貼心地拿了幾個熱賣款式給我挑選，還得聽我囉囉唆唆地交代，自己幫媽媽買禮物壓力有多大。

因爲知道家母深愛低調風格，所以在吊墜部分，我挑了一個藕色玻璃珍珠，以及一個被命名為「wildflower walk」、銀色花朵造型的吊飾。當我搭配完心中完美的手鍊後，店員在計算機上秀出final price，不但遠超過自己的預算，還透露出一種「買回台灣、帶進家門，我就死定了」的警訊。

我擦擦不知何時冒出來的冷汗，告訴我眼前那位親切的女店員：「真的很不好意思……我還是再考慮一天吧！我就住在三個街口外的那間飯店，最快明天就會回來買了！」

我設法用這句話安慰店員，讓她知道自己的服務沒有太白費，還是有成功銷售的希望。但最重要的是，我在心中幫自己留了「還可以回來買」的後路。

走出潘朵拉，我拍拍胸脯，告訴自己沒關係！去看看茱莉蔻吧。

我走進茱莉蔻專賣店，先是花了二十分鐘東噴噴、西抹抹，光是沉浸在店裡的香氛中就讓人覺得舒坦。知道媽媽最喜歡玫瑰花香，因此我放棄了「只找護手霜」的路線，看了櫃上玫瑰口味的所有商品。還有一個很大的特別區塊，上面標明：「last minute gift ideas for mother's day」。

各種保養品都有很厲害的名字，什麼「玫瑰保濕潤透精華」、「玫瑰活膚露」、「玫瑰保濕乳霜面膜」……挑到最後有點不耐煩，但保養品吸引人的地方就在這兒，雖然知道每樣商品的功能性都差不多，但就是有種衝動，想把它們全部包下來，帶回家好好地一樣一樣用在皮膚上。因此我很節制地，只在籃子裡放了三四樣精選的商品，每一樣大概都被我試用過兩三回，聞到鼻子都快沒知覺了。

這兒聞聞、那兒嗅嗅的同時，媽媽瞪大眼睛的畫面，突然出現在我腦海裡。在那個畫面中，媽媽不斷問我：「我有說我需要這個嗎？」「買這個我又用不到！」「好浪費錢喔！」

怪了，在挑禮物時怎麼想像力會特別豐富，但我真的嚇到了，連忙把東西統統放回架上，奔出茉莉蔻。

經過一陣可以說是「自己嚇死自己」的懼怕，我走出商店街，上了通往南岸的路橋，看著布里斯本河，手上還拿著那杯已經冷掉的咖啡。

天啊……只是買個禮物……有必要把自己搞成這樣嗎？

我仔細想著，從小到大，每當我們送禮時，她會有的台詞。「幹嘛花這麼多錢幫我買禮物啊？」「我不需要這個啊！買這個等於浪費。」我心想，難道她想要我買一個「幾乎不用花到錢」但她卻「非常需要」的禮物嗎？那……哪裡有這種禮物？如果有，我要如何獲得這個禮物？

不知不覺走到了南岸，碰巧看到了每逢週末都會有的創意市集，除了創意手工藝品，還有販賣創意甜點，播放著聽起來也很「創意」卻讓人聽了很放鬆的音樂。

逛了大概第十攤，被攤位角落的一個擺設給吸引了。

那是一個小竹籃，裡面擺著幾個用布縫的小小愛心，它們不是吊飾，看似沒有什麼特別功能。但每個布心上面，寫著這樣的使用說明：

Get mum to load your heart with lots of hugs.

Pop it in your pocket and when u feel sad, just give it a SQUEEZE to release one of your mum's hugs.

我再仔細看個兩三回，原來它是媽媽的愛心製造機！帶回家別忘了先給媽媽「加值」擁抱，加滿後，往後心情不好或感覺低落的時候，只要用力捏一下，就會釋放出一個媽媽愛的擁抱。

不知怎麼地，我在這個小盒子旁駐足了非常久，眼眶也莫名的紅了。雖然我已經長大、開始工作賺錢了，這上面也標明是給孩子帶去學校使用的，但在人生的旅途上，我們不都需要母親愛的擁抱和支持？在遭受感情或工作挫折時，我們是否也在某個剎那，感覺「好想回家」？雖然拿著愛心要媽媽「加值」抱抱實在有點噁心，但在這種重要的日子裡，我能否很任性地做這件事，讓媽媽知道，她的擁抱比什麼都還重要？

我彎下腰挑了好久，心裡小劇場不斷上演，這時在我腦中浮現的，不再是媽媽那瞪大眼睛的表情，而是一個她很溫暖的微笑。

我挑了兩個小布心，一個是桃紅色底搭配白點點，一個上面印有澳洲各種動物的圖案，爲什麼是兩個呢？因爲除了要請她加值擁抱，我也要在其中一個上面加值我的擁抱給她。

布里斯本南岸公園市集販賣的小布心。

女店員笑著說：「Hi~are you selecting something for your kids?」

我說：「These are for my mom, unfortunately... to load hugs for me.」

她笑著回答：「Oh, she's got some work to do.」

我拎著用簡單紙袋包著的布心，在黃昏裡，滿足地走回對岸，知道自己挑了一組最不起眼、卻又最棒的禮物。

回想那時走在商店街的我，聽著店員的「母親節限定款」，腦中只想打破媽媽經年累月的那幾句「責難」，想精選一個最棒的禮物，用物質讓她改口、讓她滿意。無意間，我心中的那個「母親節」，已被消費主義給定義，而母親節的意義，也被眼前充斥著「the best mother's day gift」標語給沖淡。

傳統節日是給我們一個機會，和最特別的人一起慶祝、一起感恩。而很不幸地，近代人過節的第一法則不外乎：購物、購物、購物。

每逢節日，商人都會很成功營造出節日的氛圍，它們爲我們創造了最精確的送禮時機，更給了我們最佳的消費理由。

每到佳節來臨，大家都要絞盡腦汁，不惜工本地送鮮花、送禮物，目的就是要給重要的人一個最難忘的節日。但在禮物一個一個被精美的包裝、鈔票又如流水一樣溜走的背後，有人還記得節日眞正的意義在哪裡嗎？是否有人有完全不花錢、不送禮的勇氣，卻同時有「可以帶給這些特別的人最難忘的節日」的把握？

【後記】

飛回台北後，我如期的在母親節那天晚上，獻上兩個小布心，並解釋了來龍去脈。那天媽媽紅著眼睛收下禮物，沒有多說什麼，只有給我個擁抱，然後趕我去睡覺。

直到隔天早上起床，才看到媽媽枕頭邊，多了兩顆愛心。我想，或許這就是媽媽要的。

17

原來緬甸的耶穌會跳芭蕾

如果能多看一點不一樣的人事物、多見識各種大小場面，的確有機會讓我們成長、轉換我們的價值觀，甚至改變我們的一生。但關鍵是把焦點放在哪裡，以及用什麼心態去看待這一切。

第一次可以更了解緬甸

只要排到飛往仰光的航班，組員不但必須早上四點半報到，飛時也非常久，更加可怕的是，它是個當天來回班，到了仰光後必須立刻折返，因此每當我下班回台北，總已累得不成人形。雖然飛了好幾次，但總是在機場繞一圈就回國，我從來都不知道緬甸到底是什麼樣貌。與緬甸相關的，我只知道「翁山蘇姬」這四個字。

但一年多後，這個班居然改成住房班了，也就是說，組員可以抵達仰光後，好好住進飯店休息。雖然還是得在清晨上班，但得以有機會好好看看緬甸的眞實面貌，還是覺得非常期待，不知會有什麼新的體驗，不知緬甸又是不是眞的像電視說的一樣，這麼「落後」呢？

這次的小旅行，讓我有種飛任何東南亞國家都沒有過的感受，它不像過度商業化的峇里島，不像街上白人比當地人多的曼谷，更不像雅加達一樣，處處都是危機。感動我的，是那些穿著民俗長裙（俗稱紗龍裙或是 baso）、淳樸善良的老百姓。沒錯，如果最美的風景眞的來自「人」，我在這裡的體驗，是最頂級的感動。

我們投宿的飯店坐落在當地的高級住宅區，周邊的房屋都像是獨棟別墅一樣。雖然飯店不像多數外站飯店那樣高級，lobby也沒有挑高的天花板、沒有任何華麗的雕飾，儼然像是間普通的旅舍，但卻非常乾淨舒適，有種偏鄉小木屋的感覺。

因為是超級紅眼班，到仰光時，還沒到當地中午時間，因為大家都累壞了，教官（機長和副機長的統稱）和大家約好兩小時後到一樓集合，打算帶大家去仰光「大金寺」走走，順便請大家吃中餐。

「大金寺？姐，就是那個最有名的大金寺嗎？」（這個問句實在有點白癡。）

「對啊，但妳有帶長褲嗎？大金寺不能穿短褲短裙喔。」

「我沒有欸……我的短褲不是迷你褲那種，也不行嗎？」

「不行，因為當地人認為我們必須對佛尊敬，所以穿著要莊重，連無袖的衣服都不行。

金碧輝煌的仰光大金寺。

沒關係，售票口會有賣布的店，別擔心。」

我拖著行李上樓，簡單洗了澡，鑽進被窩裡。原本想好好補個眠，卻對下午要去的景點實在太好奇，拿起手機就猛查資料，希望在出發前做足功課。結果我連一秒鐘都沒有瞇上眼，好奇心總是最好的興奮劑。

兩小時後，我們包了兩台計程車，前往大金寺。計程車司機是一位非常非常瘦、大約三十歲的男子，方向盤上掛滿了一串一串的佛珠（我實在很好奇，如果要緊急轉彎，他的手不會被打結的佛珠卡住嗎？）。

雖然他只會非常簡單的英文，像是打招呼、數字，但是卻很樂於跟大家哈啦，對我們的來歷更是好奇。前往大金寺的路程中，教官花了好大的力氣解釋自己是「機長」，但一直到我們下車前，他都不清楚教官到底是做什麼的。

到了大金寺外，立刻看到一個很大的告示牌，上面用圖示標明：禁止穿著襪子、鞋子、短褲、細肩帶服裝。經過一個長廊後，我們必須接受保全檢查行李，才能買票。售票員看到我的短褲，連忙說：「No, you have to buy this, this!」他拿出了一條青藍色的布，要求我購買，否則不可以進入。我承認看到那塊布有點失望，因爲它的材質很像塑膠窗簾，也沒有當地民俗感的圖騰，很明顯是拿來呼嚨外國觀光客的。

我把布圍在腰間，蓋住我的大小腿，準備用最端莊、虔誠的姿態走入。

進入大金寺後，我傻眼了，我從沒看過如此壯觀的景象！根本是「黃金塔林」，除了超級雄偉的膜拜大金塔外，周邊還有上百座小佛塔和金黃色建築，眼前充斥著華麗、耀眼的富貴感。

走在豔陽高照之下的地磚上，我的腳底不但變得很髒，還跟燙鴨腳一樣，只能把重心放在腳尖，用優雅的小碎步前進，或是很俏皮地邊走邊跳。不過一會兒，就要一個箭步，跳到深色的地磚上，或到小建築的影子下休息、降溫，等到腳底回到原本的溫度，再踮起腳尖，繼續選擇用活潑或優雅的方式前進。

但眼看當地人都習以為常，好像都不怕燙一樣。在廣場上，只要看到有人用奇怪的步伐走路，想必那一定是觀光客了。

大金寺的占地寬廣，除了四面都有大廳可以參拜之外，還有很多內有大小佛像的小寺。三不五時，會有人用麥克風朗誦佛經，似乎有環繞音響一樣，佛經可以傳送到大金寺的各個角落，就很像清眞寺中朗讀的可蘭經一樣，很莊嚴，也令人感到意外的平靜。

那天最特別的是，寺內有一個星期七天專屬的佛像，也就是說，若你的生日是星期一，就必須去參拜「星期一」的佛像，每種佛像也有自己的專屬拜法。老實說，一般人也不會記得自己是星期幾出生的，所以我趕快去陰影下查手機，但還沒查到，就發現大家已經走遠了，我只好作罷，趕緊追上大家的腳步。

穿著袈裟的大小和尚。

接著，我們看到一些穿著袈裟、成群結隊的大小和尚，原先以爲要對他們尊敬三分，但當姐姐開口問，是否可以合照時，他們卻自動排好隊伍。在一旁看著會覺得很好笑，因爲他們非常熱情地接受合照，但在快門按下去的那一刻，卻都擺出莊嚴肅穆的表情。

在寺廟裡，經常會看到天真的小孩，我們也可以自由地和少男少女們有說有笑。每次向當地人詢問是否可以拍照，都會發現他們的熱情異於常人，而且拍完照後，不同於很多國家觀光勝地的居民，不會作勢伸手要錢，反

在大金寺中，與緬甸婆婆和寶寶開心合照。

而很好奇照片中的自己長什麼模樣。

走著走著，我看到一個可愛的媽媽穿著拖鞋，坐在金塔旁和小嬰兒玩，小嬰兒還留著時髦的貝克漢髮型。我做了一個拍照的手勢，媽媽立刻點點頭，並把嬰兒轉過身來，對他說：「Smile～」

我們三個一起在陽光下欣賞照片，天眞無邪的嬰兒一直好奇地觸摸照片中的自己，媽媽也露出滿意的笑容。她溫暖地對我說：「耶穌跳芭蕾～」

我疑惑地問：「耶穌跳芭蕾？」

她說：「耶穌跳芭蕾！」

在這裡，我發現佛教是當地人不可或缺的一部分，不管是大人還是小孩都一心向佛，我知道自己和他們的信仰不同，卻被他們的虔誠給深深感動。我走進小寺中，雖然沒有參拜，卻靜靜地跪坐在信眾後，感受那種發自心靈的平靜。

不久後，我看到兩三位民眾進來，因爲都說著我熟悉的中文，所以我回頭看了看他們。他們正輪流幫彼此拍照，換了好幾個表情和姿勢，有些選擇看遠方，有些選擇雙手合十，做出祈禱的樣子。

拍完照後，他們三個一起瀏覽了照片，看似很滿意的樣子。之後他們開始高舉手機，嘴巴裡碎念著：「剛剛不是還有網路嗎？怎麼一進來就沒了？Facebook 都上不去。」「唉唷，算了啦，外面可能網路比較穩，我們去外面打卡。」

而正當他們起身要離開時，我看見其中一位拍了拍腳底的灰塵，皺著眉頭說：「嘖，我的腳都髒了，好一個落後國家！走走走。」

「好一個落後國家」……？這句話在我心中迴盪了很久，直到姐姐在遠方叫我的名字，提醒我該集合了，才趕上前去。

害羞的「全身塗抹乳液」服務

依照慣例，來到東南亞，按摩行程是必備的。晚間，我跟經理，和一位姐姐 Melissa 相約一起到飯店隔壁的建築物按摩。那是一個獨棟的小房屋，屋外有一小型停車場，停著一台破舊的休旅車。

我們三人一起走進去，像平常一樣，有人分別幫我們脫下鞋子、呈上熱茶，並遞上價目表。我和 Melissa 選了全身舒壓按摩，經理則說自己要腳底按摩，按完要到外面拍拍照。

按摩師先幫我們簡單的按摩腳底，再讓我們進小浴室淋浴、戴上浴帽。我和 Melissa 躺在床上開始享受，可能是因爲今早在飯店都沒睡覺，頭部才剛被按摩完，我就直接昏睡，見周公玩耍去了。雖然已經忘記她的按摩技術如何，但可以讓我這樣沉沉地睡著，想必是非常舒服。

雖然按摩的所有流程都和一般東南亞按摩店差不多，但唯一不同的是，整個過程有很多人來服務，而且大都是少女，一位腳底按摩，一位負責全身按摩，按摩完後，又有一位進來奉茶。

在小金寺中，赤腳虔誠跪拜的信徒。

有聽過全身按摩完後，還有全身抹乳液的服務嗎？

我做了這個奇怪的體驗。洗完澡後，我包著毛巾走出浴室，以爲可以像平常一樣，換上衣服，優雅地走出去。但卻有人敲敲門：「May we come in?」

我嚇得趕緊把毛巾包回去，但最讓我驚嚇的是她說的那句話，是「we」不是「I」，難道是要一起進來欣賞我換衣服嗎？

我把門打開，是兩個新面孔。一位給我一條全新的紙內褲，希望我換上，兩位便一起走出門。

我疑惑地穿上這件紙內褲後，正當我準備拿起自己的衣服，又有人敲門了，是剛剛那位女孩的聲音：「May we come in?」

我心想：「天啊，不會又來了吧？這次又要給我什麼奇怪的東西？」我把毛巾抱在胸前，開門讓她們進來。

女孩們用簡單的英文問：「Take off? Open?」

我害羞地說：「Why……take off?」

「Lotion! We put lotion on you.」

天啊，要我裸體給兩個小女孩搽乳液，這到底是什麼意思？我閉著眼睛深呼吸，心想，如果這是當地習俗，或是他們專屬的服務，那或許我應該要好好體驗一下。

抹乳液的過程就不加以形容了，總之，我從頭到尾都在笑，因爲我的身體四處都很怕癢。聽到我狂笑的聲音，女孩們也都笑了。

經過一番搔癢式的搽乳液服務，我帶著一身清香走出房間。走出房間前，兩位女孩對我深深鞠躬：「耶穌跳芭蕾！」

我實在覺得很疑惑，爲什麼今天一直有人對我說這句話？耶穌……跳芭蕾？

走到大門口，看到停車場的破舊休旅車已經移開，在我眼前的，是一個戶外廚房，有人炒著菜，和一堆走來走去的小朋友服務生。小廣場上，擺著一張白色方桌，上面擺著滿滿的料理，空氣中飄來陣陣飯菜香。

仔細一看，忙來忙去的正是剛剛幫我們脫鞋、遞價目表、按摩、奉茶、抹乳液的少男少女；而在廚房切菜、炒菜的，正是他們的大媽大嬸；最後，站在廚房發號施令的，就是他們的大家長：阿嬤。

原來，他們是一個大家庭！

我們三個都笑了，他們幫我們拉椅子，介紹所有的菜色，有著當地最傳統的口味，有米線（緬甸話叫作：拔拔斯）、螃蟹、粿條……在吃飯的過程中，大媽大嬸們會走過來，用很簡單的英文，問我們口味會不會太鹹，或要不要再辣一點？小朋友們每上一道菜都會想跟我們多說幾句話，但發現語言有點不太通，又會害羞地跑走。

經理開心地對一位小朋友說：「耶穌跳芭蕾！」

我趕緊抓緊機會問：「經理，耶穌跳芭蕾到底是什麼東西啊？爲什麼整天都一直聽到這句話？」

經理頓時開始大笑：

「什麼耶穌跳芭蕾！正確的念法應該是chei-zu tin-bar-te，中文念起來很像：耶俗點把淚～就是緬甸話的『謝謝你』啦！」

我們穿著拖鞋，在月光下享用了這頓晚餐，經理跟我們說了很多來緬甸旅遊的精彩小故事。她說，在這些貧窮的國家中，很多人在非常小的年紀就身負經濟重任，所以在緬甸的景點，經常看到兜售物品的孩子，但唯一不同的是，在緬甸孩子的臉上，看不到絲毫哀愁，流露出的永遠是開心、無邪的笑容。

雖然來到仰光只有不到兩天的時間，但聽了這些故事、接觸了緬甸人後，覺得它美到不可思議。

看見緬甸的見素抱樸、少私寡欲，可見如果把物質從生活中拔除，不一定會把人推入水深火熱中，對他們來說，這就是內心純淨的來由。

隔天，在前往機場的巴士上，我翻著手機裡一張張的照片，深感這美麗短暫的小旅行要暫時畫下句點，在小小不捨之餘，在大金塔裡，聽到路人的那一句：「我的腳都髒了，好一個落後國家！」仍一直在我腦海裡打轉。

想起受訓時老師的一段話

受訓時，一位空訓老師曾開玩笑地說，很多人在面試時都會這麼說：

「空服員是我從小的夢想。」

「我嚮往藉由這份工作，增加自己的國際觀。」

那時老師笑笑地說，他們寧可聽到這一句：「因爲員工優待票比較便宜，我想帶爸爸媽媽出去玩。」。因爲比起前面那兩個答案，這句話顯得實際多了。

仔細想想，每年招考季到來時，空勤補習班總會千篇一律地打出這句口號：「××航空準備要招考了！成爲空服員，讓你擁有國際觀、大開眼界！你想順利錄取嗎？」看到這種招生訊息我都很傻眼。別鬧了，誰說空服員一定有國際觀？常出國的人眞的能擁有國際觀嗎？還有……國際觀這三個字到底代表什麼啊？

我常問自己，在體驗了飛行生活後，是不是眞的有增進自己的「國際觀」？還是只是多打了些卡、多吃了些美食，或是踩過了幾個城市的路面、多躺了幾張國際的床鋪而已？

很多人認爲，能夠說出一口流利的英文，或是懂得上百句外國人常用的俚語，就是很有國際觀。又或者，去過世界各個觀光景點拍過照、打過卡，或是吃過很多道地的美食，你就是很有國際觀的人。

但我想，出過國的人，不一定有用心在感受世界；英語流利的人，也可能困在自己的意識形態中，對這個世界充滿偏見。

當我們飛到繁華的城市，法蘭克福、巴黎、新加坡，總是讚歎著：「先進國家就是不一樣！」但走進緬甸路邊的小佛寺，我們會選擇脫下鞋子，多花十分鐘跟著跪坐在一旁、設法感受信徒的心境；還是拍完照就走出去，心想：「我腳都髒了，好一個落後國家！」

我們總是很容易看見一個先進國家不斷進步的原因，卻沒有思考過非先進國家堅守傳統的理由。常說，每人心中都有一把尺，但用這把尺衡量世界時，不能只有一種尺度。

我們活在同一個世界，還是不同的世界？

想起自己曾透過教會，到嘉義過溝村做志工。當地小朋友的學習資源很貧乏，教會希望我們可以和學校合作，在暑假期間舉辦小型的夏令營，帶小朋友學習英文。因爲我自認爲英文沒有非常好，因此邀了幾位在美國長大，趁暑假暫時回來台灣的朋友一同過去。我得到其中一位的回電：

「我們全家決定去歐洲旅遊，長輩認爲這是更國際化的旅程。」

「眞的喔？好可惜喔。原本希望可以一起去和小朋友相處的。但是歐洲很棒啊，希望你們玩得開心喔。」

但在掛電話前，她說了這句，頓時讓我傻住了。

「我媽媽說，我們和他們（過溝的孩子）明明是不同世界的人，爲什麼一定要擺在一塊？」

其實聽到這段話我滿難過的。眼看他們在美國，和不同膚

圍著布和壯觀的金塔合照。

色的人一起上課、喝酒、玩樂；也常搭著飛機和家人一起出遊，到南極、到非洲，上山、下海；不過，即便是搭過世界各國的航空公司，各種艙等也都坐過，但又如何呢？終究認爲自己和別人是「不同世界的人」，不需要接觸，也沒有同理的必要。

如果能多看一點不一樣的人事物、多見識各種大小場面，的確有機會讓我們成長、轉換我們的價值觀，甚至改變我們的一生。但關鍵是把焦點放在哪裡，以及用什麼心態去看待這一切。簡單來說，見多不代表識廣。

被各國景色勾引得目眩神迷，並無法讓自己成爲國際化的人。放下心中的成見，設身處地爲一個來自不同文化的人思考，才會得到一種純粹的同理，然後，不斷地發現新的可能。

就像在緬甸人滿足的眼神和笑容中，我發現，緬甸人如緬甸的風景一樣，或許是因爲他們每個人都活在一個讓佛也能微笑的城市。

美麗的緬甸啊～耶穌跳芭蕾！

18

真以為自己要死亡的跳傘一瞬間

原來人的眼界是要被逼到生死關頭之際，才會瞬間被打開，人的恐懼也不會發生在極端的恐慌當中，而是在「不知下一秒會發生什麼事」的那個瞬間。

跳傘這回事，打死都沒想過自己會去嘗試。

從小爸媽帶我去遊樂園，我就是那個躲在角落吃零食的膽小鬼。就連長大後，我也持續擔任那個幫大家顧包包的人，永遠的堅守崗位，每當大家尋找置物櫃時，我也立即舉手自願。如果偶爾逞強，被朋友拉上雲霄飛車，我都覺得自己像是在鬼門關走了一回。

我永遠無法理解那些膽大包天，又深深愛著高空極限活動的人，到底在追求什麼？

每一年因應暑假，公司都會加開好多航班，特別是那些熱門旅遊景點、島國之類的國家。正是因爲預定機票的客人已經滿到機翼上了，公司才會另外加開這麼多航班，所以，想必加班機的航班，不可能是多清閒的任務，班班客滿是一定的。

七月底時，八月班表出來了。我如往常一樣迅速上網，查詢自己下個月的命運是什麼。看到八月底有個五天的台北—福岡—關島加班機，我眼皮抽動了三下，實在是高興不起來。因爲那是大半夜出發的紅眼班，也聽說在關島的飯店有些恐怖，不但設備簡陋，而且連水都是髒的。

我帶著些許失望的心情，心想順帶查一下組員名單好了。當我發現組員名單中有好朋友時，眼皮停止跳動了。她是早我兩年進公司的前輩，之前也一起飛過一趟布里斯本的朋友「純純」。正當我剛查完名單，就收到純純的臉書訊息了。

「牧兒！我們關島一起飛！一起出去玩！」

「純兒！紅眼班耶，我們一起熬夜吧！」好吧，我承認自己是滿腦子工作的工作狂。

「好啊，但我們去關島要做什麼啊？我上次浮潛、戀人岬還有一堆什麼水晶教堂我都去過了，但實在沒什麼行程是我特別推薦的……」

「那妳還有什麼地方沒去過？純純我告訴妳，不管妳想去哪裡，我都陪妳去！」

我想，這麼不吸引人的航班還有朋友一起飛，真是萬幸！聽到她該去的地方都去了，我決定用這種充滿義氣的方式抓住她的心，生怕她一轉念，就把班給換掉了。

「不管去哪，妳都會陪我去嗎？妳說的唷！發誓！」

我毫不考慮，一口答應了：「我發誓！」

「好！我，想，去，跳傘！」

看到最後兩個字，我整個背脊都涼了……

「好……沒……問……題啊……可是……我一定……要跟妳……一起去……跳嗎？」

我就在這充滿義氣的氛圍下，莫名的答應了一樁這輩子都不可能敢做的事情。

迎向這輩子不太敢做的挑戰

關島是僅次於夏威夷，日本人最愛來度假的地方，也難怪這個航線設計要經過日本了。那天飛機上充滿了日本籍的新婚夫婦，不少對夫婦也帶著剛出生的小寶貝，一同前往度假。

在輪休時，我和純純一起聊了接下來三天的計畫，她還興致勃勃地告訴我，她訂了哪一家跳傘公司的行程，看到她的興高采烈的模樣，我的手心都濕了，因爲我知道，天啊，這下我眞的推不掉了。

雖然飛機抵達關島時已經是凌晨三點，但機場還是滿滿的人，或許在這度假的季節裡，各家航空公司也都開了加班機、趁機搶生意吧！

熬了一夜，大家都累死了，純純在飛機上那興致勃勃的神情也不見了，我們心裡只想趕快到飯店睡覺。

到了傳說中可怕的飯店，我已經先聞到濃重的濕氣味，接著拿到鑰匙。住了這麼多飯店，我還是頭一遭拿到眞的「鑰匙」，而非大多數飯店所使用的房卡，而且看著手上的那把鑰匙，天啊，也太復古了。

進了房間後，我先是打開所有的燈，按照我平常的習慣，再將電視打開，讓房間有些聲響，這招可以讓再陰暗的房間，瞬間有些生氣。

殊不知，光開電視就花了我快五分鐘，訊號也不是很清楚。我進了浴室，看到浴缸的漆掉了不少，排水孔也呈現了生鏽的紅棕色。當下我是沒想到什麼牛鬼蛇神，只是單純的不爽，這不是傳說中夏威夷之外的第二個度假勝地嗎？怎麼連飯店都這麼破爛？更何況，我們住的又不是什麼沒名氣的飯店！

正當我還穿著制服，站在房間正中央發呆、忙著生氣時，有人敲門了。

一打開門，看到拉著大小箱，雙眼無助的純純。「牧宜，我可以跟妳睡嗎？我的房間是邊間，一進去整個氣氛好詭異，我不敢自己一個人睡……」

「可以啊！但妳可以接受電視花五分鐘才可以打開、浴室有掉漆的浴缸以及生鏽的排水孔嗎？」

我還在賭氣。

「當然可以啊！讓我們共度良宵吧，哈哈哈！」

那晚我們胡亂地盥洗了一下，就迷迷糊糊地睡著了，長班的疲累真不容小覷。

第一天的行程是標準的「空姐行程」：充滿逛街和美食，記得我逛了一天都沒買什麼東西。不知道爲什麼，我在外站總是捨不得花錢，倒是很享受到處走走看看的感覺，看看身邊都是來自哪裡的觀光客、聽聽他們講些什麼語言，甚至是看看路邊有什麼特別的小店，或是路邊的人都在做些什麼，也很有趣。

第一天觀察下來，我發現不管是百貨公司，還是路邊，整個島上幾乎都是日本人。據說在關島，四個人中就有一個是日本人，走在路上我聽到最多的語言並不是英文，而是日文。幾乎所有的觀光景點和商店也都有日本店員，餐廳裡日文菜單也是必備的，我甚至有幾度還懷疑自己是不是還在福岡呢！

第二天，終於是我一點也不期待的跳傘之日了。天亮了，我不情願地把眼睛張開，看到純純已經準備好早餐放在小茶几上，是清淡的早餐，還泡了抹茶。

「早安～來來來吃一點東西，免得等一下跳傘，肚子不舒服！」

「我的天啊，純純，妳幾點起床的啊？」

她一邊吃著小餅乾一邊回答：「六點呀！快快快，車子七點就要來接了。」

我們穿了輕便的長褲和球鞋，到樓下看到跳傘公司派來的小車子，車上已經有兩組人馬。分別是三位韓國女生和兩位日本女生、一位日本男生，我們用簡單的英文打了招呼。想必當時我應該是整台車子裡臉最臭的一位。

簽下生死契，和好友成為生死之交

Skydive Inc. 是關島唯一一家跳傘公司，報到後，我看著牆上貼滿了歌手范逸臣的照片，原來他那首歌〈什麼風把你吹來的〉MV就是在關島拍的呀！

接著，我們被要求填寫一本資料。那是一整本密密麻麻的條約，講好聽一點是「同意款」，講白一點就是「生死契」，每一頁都要簽名。雖說契約落落長，但可以用一句話帶過：「如果發生不可抗拒的自然意外，我們公司不理賠。」在翻閱的過程，我和純純漸漸停止交談，直到最後我轉頭，看到她的臉已經綠了。

我看著臉色已經轉綠的純純：「哎唷，就簽了啦！反正我們都來了，對吧？」

「可是……看這些文字覺得有點可怕耶……」

我突然起身，搭著她的肩，高分貝地說：「我跟妳說，如果我們一起簽了這個生死契，也一起平安完成了這項挑戰，我們就是『生死』之交了！是吧！」

「好！好一個生死之交！我簽！」

簽下去後，我只覺得我們兩個實在太愛演了，但唯有這種方式，才可以激起我們內心的勇氣。

接著，他們幫我們一人分配了一個教練，這些教練先是幫我們個別穿上了跳傘裝備。起初，我以爲我的教練是個普通的男性，直到她開口介紹自己，我才發現她是女生！她叫作 Kea，曾經是美國傘兵，擔任跳傘教練已經二十年了。她的表情非常 man、非常兇，看起來就是個不能招惹的樣子。我轉頭看純純的教練是個光頭壯漢，還留一點小鬍子，有種「魔力紅」主唱亞當的感覺，完全是我的 type 呀。看著他和純純殷勤地聊著天，我的教練卻是嚴肅地盯著我看，一副「你少惹我」的樣子，我實在是好羨慕啊。

我們開始分組進行行前的基本訓練，我們必須學會在空中時，教練下什麼指令、要如何把手腳打開、怎麼維持正確的姿勢，以及降落時要怎麼伸展雙腿，才不會因爲角度不對而撞斷雙腿。而教練的左手腕也會綁著 go pro 鏡頭，全程錄影，並在一萬英尺的高空，把我們噴出飛機外。

做完訓練後，我們分批輪流上小飛機。Kea 跟我說我們非常幸運，因爲關島已經連續下了三天大雨，通常下雨就是直接打道回府的，今天我們卻遇到了大晴天，天空會非常漂亮！我試圖和 Kea 聊天，分散我緊張的心情，殊不知 Kea 講完又板起臉來，這時又看到純純和她的帥教練談笑風生，瞬間覺得自己頭頂上飄過了好幾朵烏雲。

小飛機起飛了，眼看著飛機離地面愈來愈遠，Kea 也正在確認我和她有安全地綁在一起。突然，我後悔了。

一萬呎是民航機的安全高度，空服員也都在飛機達一萬呎時，收到機長指示，代表可以起身工作。我往外看，天啊！一萬呎早就到了吧！怎麼這麼高？

這時，我聽到教練們在交談，才知道他們接收到指令，說在一萬呎的高度，附近有直升機，因此會幫我們把高度拉到一萬兩千呎，才讓我們跳下去。我聽到同行的日本人、韓國人拍手叫好（因爲增加高度是要加錢的！這等於是讓我們免費賺到了兩千呎），但我和純純卻握著手，不發一語。

到了一萬兩千呎，坐在機門口的純純準備第一個跳下去。教練推著她的屁股，將她推至機門邊，雙腳已經騰空了，純純大叫：「牧宜，我們是生死之交！我在下面等妳！」

她的帥教練也大喊：「Are you READY!!!!!」

純純大喊：「NO!!!!!!!!!!!」

然後「蹦！」的一聲，她和帥教練就消失在我面前了。

「純純！啊～～～～～～～～」我嚇得魂都快飛了。

發現自己遨遊在彩虹上

下一個輪到我了，Kea 用身體把我推到機門口，我以爲她會像純純的帥教練一樣問我是不是準備好了，但未料她是趁我還沒反應過來時，直接把我推出去。就這樣「蹦！」的一聲，我被噴出飛機外了。

我從雲端開始墜落，身體像是失重一樣，氤靄的雲氣嗖嗖地貫穿我的耳朵和鼻孔，讓我完全無法呼吸，眼前的景象像是人類死掉前的影片快播，我無法分辨自己是在天上還是根本已經進入天堂了，並沒有像范逸臣的 MV 中自在地唱著歌，只有瘋狂地大叫：「啊啊啊啊啊啊啊啊啊啊啊啊啊！」

不知過了多久的巨風天然臉部拉皮，Kea 拍拍我的右肩，指示我把脖子往後仰，因爲她準備要開傘了！我用力的把脖子往後，把雙手雙腳都打到最開，把自己當成黑魔女 maleficient 一樣，閉上眼睛，心想，Kea，我的生命就交給妳了！

沒想到，突然遭來一陣臭罵，Kea 大喊，「妳的脖子仰得太後面了！」

我瞬間張開眼睛，停止了很愚蠢的想像，趕快把脖子仰回來一點點。聽到後面的 Kea

已經快被我氣瘋了，她在我耳邊大喊：「Do not mess up with your instructor!!」我覺得好委屈，不是叫我仰頭嗎？仰得太徹底還要被罵。

終於，傘開了！

突然間，天空變得好安靜，身邊一點聲音也沒有，已經靜到「靜謐」的程度了，Kea 要我看看四周。

在我眼前，是一大片碧藍色的海，和鮮豔的草綠色陸地，中間穿插著一道彩虹，我發現，自己居然遨遊在彩虹上面！

我感覺自己靜止在天空中，奇妙的感受無法言喻，我睜大眼睛，忍不住驚嘆：「This is...so surreal ...」

Kea 突然溫柔地說，她做了快二十年的跳傘工作，每天至少都要跳上五到六次，大家都以為她已經看膩了這片天空，但每次她遨遊在天際，就會有種被世界擁抱的感覺，二十年了，這個感覺從來不曾消失。

在天空上晃晃悠悠地飛著，覺得自己像是在大自然造的搖籃中，直到慢慢飄往落腳地，我遠遠看到純純站在地面上向我揮揮手。成功落地後，我和純純熱情地擁抱彼此，我們一起完成任務、達成了我們的約定，從此以後，我們便是徹底的「生死之交」了！

原來人的眼界是要被逼到生死關頭之際，才會瞬間被打開，人的恐懼也不會發生在極端的恐慌當中，而是在「不知下一秒會發生什麼事」的那個瞬間。

就像當我被丟出機外的那一瞬間，隨著急速的風和雲氣往下墜落，腦中混雜著充滿「不確定性」的恐懼，生怕教練太早拉傘或是太晚下指令，這種不確定感比單純的恐懼還來得可怕，但也刺激多了。而真正的「勇氣」，也會在這片沒得選擇的混亂中，被狠狠地逼出來。

想必我們面臨人生的抉擇時，也像在天上一樣那麼害怕未來的不確定性，但卻又對這份不確定性充滿期待。當熬過了這個階段，就會像那成功打開的傘，在天空的美景中穩定下來，慢慢把我們帶往目的地。只有熬到傘開了，才能真正體會內心的「晴空萬里」。

雖然我不確定自己還敢再嘗試一次，但或許往後，當我遇到下個人生瓶頸時，就會再度鼓起勇氣挑戰一次，到時候，可能陪我一同去的，是我親愛的「生死之交」純純呢！

跳傘時變形的臉龐，在跳出飛機外的一剎那，被教練手上的相機記錄下來。

19

一張員工票，
狠狠把母親丟在夏威夷

優待機票可怕的不只是讓人上不了飛機而已，而是必須承受突如其來的「意外」，就很像把家人的心提到最高點後，又重重地將它摔下。

每當聊起我的工作，朋友總會問上好多「罐頭問題」，包含：「妳都飛國內線還是國際線？」「一個月薪水至少有十幾萬吧？」「你們空服員是不是感情生活都很複雜？」雖然這些問題有時候會被問到很煩，但還是會想多解釋解釋，讓大家知道眞相。

其中這題，也是必問題之一：「你們福利眞的超好的，買機票都很便宜。」

我常發現，圈外人對空服員的「工作福利」格外好奇。大家都以爲我們可以開免費機票環遊世界，而他們只要交上我們這種「給力」的朋友，或許可以共同享受免費的福利。

但事實上，員工優待票沒有想像中的萬用。有些航空公司組員，除了本人、直系親屬（父母、孩子）及配偶三種身分外，其他人都無法使用折扣機票。因此我摯愛的哥哥，不好意思呀，就這樣被排除在外了。

這還不是員工優待票最大的限制。

員工優待票，原則上是以「空位搭乘」爲主，所以俗稱「乞丐票」。也就是說，如果今天我想帶爸爸媽媽出國，他們就必須拉著行李，到機場員工櫃檯等候、排隊。在表定登機時間前三十分鐘，如果有足夠的空位，地勤才會給爸爸媽媽們機票（我們本人也不例外）。

若空位不足，我們就得摸摸鼻子、帶著失望的心情回家。想一想，去程失敗就算了，若今天已經順利帶他們出國，但卻在回程前地勤人員表示，飛機上已經沒有足夠的空位，爸爸媽媽就無法順利回國。

員工票也有分等級，最簡單的分法就是由資深排到資淺，爲基本的登機順序。在這個時候，最危險的狀況就是在旺季帶家人去「熱門旅遊國家」，因爲除了班班客滿，開票的「自己人」更可能排得落落長，先由年資最深的開始上飛機。因此像我這種才飛一年的菜鳥，家人勢必得墊底了。

隔行如隔山，每當朋友又用羨煞的眼神提起這個話題，我爲了讓他們知道實情，總是對他們分享這個故事：

今年初，殘酷的制度把我和媽媽硬生生地「拆散」，就這樣，我把媽媽丟在夏威夷了。

確認媽媽是否上得了飛機

二〇一五年初，我和兩位組員朋友（純純、Katy）和兩位機師朋友（機長 Roy、副機長 Kim）一起選了夏威夷七天班，那是二〇一五年一月二十八日出發的任務。

出發前大家互相分享資料，計畫了有趣的六人行程。咦？第六位是誰呢？就是牧媽咪啦！原先我還很擔心帶媽媽同行會讓大家掃興，或是影響大家的計畫，不料，大家很期待媽媽的出現，遠比期待我一起飛還要高。

這是第一次「出任務」時帶媽媽出門，說眞的我緊張到天邊去了。事前我做了好多功課，開票、辦理ESTA都是最簡單的，最可怕的是「追蹤去回程空位數」。

隨著時間愈來愈接近，空位數一個一個減少。另外，由於地勤作業的關係，每個航班都是在前三天才會釋出最後空位數。一月二十六晚上我東算西算，把客人數加上開票的員工算一算，終於放下一塊大石頭，因爲媽媽去程幾乎百分百上得了飛機了！

出發當天晚上，我先安排爸爸開車載媽媽到機場，我就一如往常的上班去了。那天的心情很不一樣，除了要和好朋友一起出任務，還有個更大的任務，就是給媽媽一個最難忘的母女夏威夷浪漫行。

但不管如何，最重要的事就是要祈禱媽媽可以順利地「上飛機」。

所有機組人員完成準備工作後，客人開始登機了。在帶位、協助旅客登機的過程，我有些莫名的戰戰兢兢，因爲我的手機已經按規定關機，也不確定媽媽是否有順利拿到登機證。

等到客人都上得差不多，我終於看見有個戴眼鏡、頂著蘑菇頭的女性，帶著超燦爛的笑容，拖著一個小到不行的行李箱，從二號門登機了。

我趕緊衝過去接過她的行李：「歡迎登機！」講完連我自己都覺得好尷尬。沒想到媽媽居然很配合地回答：「謝謝妳~漂亮的美眉，今天我要去夏威夷玩，妳知道嗎？」

我尷尬地推了一下媽媽屁股，說：「好啦好啦好啦，趕快入座啦。」

在飛機上服務家人是很有趣的事情，既想給媽媽最好的特別服務，卻又擔心旁人會眼紅。

那天晚餐的選擇分別是「豆豉排骨飯」和「青醬魚肉義大利麵」，比例各占五〇%。那天的經濟艙裡，台灣人特別多，讓餐點選擇幾乎一面倒向排骨飯，當我服務到媽媽時，眼看排骨飯只剩零星幾盒了，看著後面無數排的客人，不禁慢慢緊張起來。

到媽媽了，24G。

「您好，今天餐點有豆豉排骨飯和青醬魚肉義大利麵，請問您想要用哪一種呢？」我心想，媽呀，千萬不要說排骨飯。

「我想要用排骨飯。」媽媽微笑。

我睜大雙眼注視媽媽，設法用心電感應讓她改變主意。

「噢！我還是吃義大利麵好了～」

我忍不住笑出來，感受了她的美意。

媽媽用完餐就睡覺了。我知道她的習

服務媽媽時，偷笑的樣子。

慣，一向不喜歡在飛機上看電影，頂多只聽聽古典音樂，就會讓自己閉上雙眼，慢慢沉睡。我多拿了幾顆枕頭，塞在她的屁股後面。就這樣，中間沒遇到任何亂流，她睡得非常安穩，直到飛機落地。

雖說媽媽平常很認眞「micromanage」我們的生活，但一旦是由我們帶她出去遊玩，她就是一個非常隨和、什麼都可以配合的人，當然這是很友善的說法，如果用難聽一點的說法，就是「智商也變得比較低了」，走了好久的路，還會問：「欸，女兒，我們現在在哪裡啊？」

在草地上野餐時的合照。

在夏威夷的這整整四天中，除了沒有成功說服她穿上比基尼，其他不管是上山還是下海，或是起個大早坐車殺去珍珠港，她全都完成了，而且還樂在其中。同行的朋友們也都很意外地說：「沒見過同行的媽媽這麼有趣又隨和的！」

記得有一天，我們在 Hanauma Bay 旁的一大片草地野餐，Kim 不知道哪來的主意，突然說：「你們知道我會爬樹嗎？」我咬著三明治還沒反應過來，就發現 Kim 人已經在樹上

媽媽跟組員及教官開心爬樹的畫面，也是媽媽最愛的一張照片。

了。其他人也不甘示弱，紛紛「上樹」，只留下我們母女兩人在草地上。

「你們知道阿姨也會爬樹嗎？」

「欸，媽……妳……不要衝動！」

不知道為什麼大家的手腳都這麼快，不一會兒時間，媽媽也在樹上了。

我拿起手機，迅速捕捉這個有趣的畫面。這也是媽媽整趟旅程中，最喜歡的一張照片。

還有回程的機位要確認

從回程前三天開始，我們查著回程人數，繼續做龐大的算術工作，這個過程，我都沒有讓媽媽知道。因爲我深知媽媽的個性，只要有出一點點狀況的可能性，就會開始慌張起來，偏偏慌張一點幫助都沒有，只會讓她陷入一種不必要的恐懼之中。

數字出來了：經濟艙客滿會是二七七人，扣掉回乘客人數二四〇，再扣掉當天額外的、排在我們前面的十六位員工票（依年資排列，我只飛一年多，因此媽媽排在最後順位），算出來經濟艙仍有多達「二十一個」空位，總算心安了！

雖然最後的數字告訴我：一切都會很順利，因爲空位比去程還多，但不知爲何，冥冥之中，我還是有種焦慮的感覺。

結束了四天的上山下海行程，回程當天，媽媽和我們一起搭組員車前往機場。或許媽媽實在太放心我的安排，所以也沒有多問什麼，她可能也覺得自己應該就這樣平安、順利地回台北吧。

我在車上默默搖搖晃晃地走到純純和 Katy 旁邊。

「欸……我覺得有點焦慮，我媽會不會很不幸地上不了飛機啊？」

Katy 邊補妝邊說：「唉唷，放心啦！這種事情大家都很擔心，但從來沒有人發生過。況且空位有二十一個欸，這麼多！」

在一旁的純純正在大嗑晚餐，她也說：「眞的啦！我們都這麼認眞算過了，除非等一下突然有一大群人緊急買了機票想飛去台灣，才會眞的發生。所以，妳還在擔心什麼？」

我默默地拿起手機，查了明天會到夏威夷的下一組組員名單，也立刻傳了簡訊給其中三位姐姐：「姐姐您好，我是 33616 牧宜，我帶了媽媽來 002（夏威夷班號），如果她今晚不幸上不了飛機，我可能會回去再開妳們回程的票讓她回來，到時候可以請妳們幫我照顧媽媽嗎？我已經把妳們的聯絡方式給了媽媽，若眞的『出事』了，媽媽會與妳們聯繫，萬分感謝了……」

因爲查名單和組員電話都要花一些時間，等到三封簡訊都順利寄出後，我們也到機場了，我把身上所有的美金連同飯店名片都給了媽媽，跟她說，如果眞的被丟下了，記得到出口旁轉角處搭計程車回我們飯店，一切都以安全爲第一。

媽媽收下，並大笑了好幾聲：「哎唷怎麼可能啦！我一定上得去。」

全體組員一起 check in 託運了行李，要準備先過關了。我回頭看著媽媽拉著她那小到不行的行李箱，準備要排隊了，臉上依然掛著超燦爛的笑容對我揮揮手。我心想，啊！來的時候忘了在飛機上和媽媽拍照，等等回程一定要記得！

我就這樣丟下了媽媽

開始登機了。

正當我目測著客人應該已經到齊時，開始左顧右盼，尋找媽媽的身影。突然有個乘客小姐叫住我：「不好意思，請問剛剛後面那位是妳的媽媽嗎？」

我一聽就知道，這位小姐一定也是那十六位員工票之一。

「對啊，對啊！請問她上飛機了嗎？我好像還沒看到她。」

「嗯……我覺得好像有一點點危險，因爲剛剛我拿到機票時，回頭看到地勤和她不知道在說些什麼，媽媽臉色有點差。」

「等等，所以妳是說，她可能還沒拿到機票嗎？」

「我不確定……」

我立刻衝到二號門，這時剛好有一位地勤上來了：「Hi, boarding is completed.」並表示可以關機門了。

「I'm sorry, but where's my mom?」

「Oh ... she's not going to get on this flight.」

什麼?不是還有二十多個空位嗎?我焦急地都快哭了。

地勤表示，由於現在是冬天，回程會飛久一些，必須把油加滿。又因爲加滿油的飛機實在太重了，所以無法讓媽媽登機。

我的臉整個垮掉。

「My mom has no checked-in luggage ... and she weighs less than 100 pounds!」

我整個快氣瘋了!我不敢相信這台飛機會重到，如果讓一位五十公斤不到的人上飛機就會飛不起來!這個不合情理的規定會不會太捉弄人?而且所有員工票都上來了，就獨獨放下媽媽……怎麼會這樣?

這位地勤人員繼續用英文不耐煩地表示，前面十五位員工票的年資都是二十年以上，但我們開的這張票，年資只有一年。

「所以……媽媽上不來是因爲我太資淺?」

就算我百般哀求，其他組員也都死命拜託，地勤人員就是不讓媽媽上來。眼看時間準備要到了，客艙經理也不得不遵照SOP，執行關機門程序了。

關上機門後，就不可以使用電子用品了，我立刻衝去包包拿手機，用我的刀子手快速打了簡訊給媽媽，正要送出時，我發現一件令我非常意外的事情：我的手機整個訊號壞掉，最可怕的是，前面三封傳給姐姐的簡訊全都沒有傳出去，我再怎麼按，也全都傳不出去。

姐姐立刻衝過來借我手機：「快快快！快關機門了。」

簡訊順利傳出後，我聽到了經理廣播：

「本班機機門即將關閉，地勤人員請離機。」

「Cabin Crew all doors in flight, flag out, cross check.」經理下了指令。所有組員按照程序，關上機門。

●●○○○ 中華電信 下午4:39 29%
+886
詳細資訊
訊息
媽對不起我沒幫你arrange好，我請地勤幫忙了，I'll think of some way when I get back to Taipei take care please
不用擔心，順飛重要！
iMessage

在最後關頭傳出的簡訊。

心裡的自責快要滿出來了，爲什麼我帶媽媽出來，沒有幫她安排好所有的事情？我怎麼可以把媽媽丟下來？她會不會找不到計程車招呼站？她會不會回不了飯店？想到她在省禁的夏威夷機場可能找不到人幫忙，我完全無法止住自己的眼淚，但又必須在客人面前維持專業的樣子，只好擦完眼淚後努力撐住。

即使飛機已經在跑道上，我還是抱著希望，那天的滑行似乎等得特別久，邊等起飛，我莫名地紅了眼眶，因爲我無法說服自己不去掛念。一直到鼻輪被拉起，飛機離地了，我才眞的感覺到一切都來不及了。

我忍不住偷偷往窗外看了一眼，看到所有建築物都已慢慢變小，自己也已經漸漸離媽媽遠去。對於這一切，我什麼都不確定，我也不知道到底發生了什麼事，不知道媽媽現在人在哪裡，但唯一可以確定的是，我再也阻止不了自己的眼淚了。

十個小時的航程裡，我無法克制自己不去擔心媽媽的狀況。

不知道她回那封訊息給我時，人在哪裡？上帝怎麼這麼會捉弄人，讓我的手機在最緊急的狀況下壞掉，還順便通知我，姐姐都沒有收到簡訊、事先的安排都沒有成功？我多希望有個人可以告訴我，她是平安的，多希望可以好好跟媽媽說聲對不起。

那趟航班中，我和純純一起輪值，她設法用搞笑的方式讓我暫時忘記，還跟我玩了互相講笑話的遊戲，但我仍無法擺脫對媽媽的擔憂。我到那時才知道，原來這就是在緊急狀況時硬生生被「拆散」的感受，原來，這就是來不及道歉的痛苦。

我怎麼可以這麼不孝順，怎麼可以帶媽媽出國玩，卻無法讓她平平安安地回家？

在飛機上的十個小時裡，我都沒有休息，就連輪休時也因爲太擔心媽媽，完全睡不著。

撐過了「感覺比十天還長」的十個小時，我們終於在台北時間早上六點左右落地了。我借了純純的手機，立刻傳簡訊給媽媽。

知道媽媽原來有平安回飯店，也訂了一個房間，平安睡了一晚，我哭了。

「傻女兒，我很平安！」

回家後，我立刻打開電腦和媽媽聊天（因爲手機已經完全壞掉了，一時也來不及修好）。看到媽媽的回覆，心裡安了一大半。我逼迫她交代所有的過程，是怎麼找到計程車，又是怎麼回到飯店、怎麼訂到房間的？

「女兒，妳知道嗎！你們飛走後，也沒有任何航班起降了，所以我被丟下後，機場幾乎也已經整個關閉了。我找到計程車招呼站時，看到兩個黑人還在那裡納涼，我猜其中一位應該是司機，另一位是登記的人。我猜他們應該也準備要離開了，所以我衝過去大聲呼叫他們：『Wait! Please wait!!!!』」

「然後呢？」

「司機是一個大塊頭黑人，當時他應該也準備要下班了，但看著我只遞出了一張飯店名片，也或許當我是個走投無路的女子，就叫我『Hop in, let's go.』我看看手錶，已經凌晨一點半了，我告訴自己只能『相信』，相信這台計程車奇蹟似地在那等我，是上帝一手安排的，而既然是祂安排的，一定會讓我平安到達飯店！」

她誇自己雖說多年沒有用到英文，但在緊急情況時才發現自己英文一點都不差，還要求我開口讚美她。想必媽媽一定躺在飯店床上得意地大笑著。

「媽，那妳收到簡訊時，人在哪裡？」

「我剛上計程車呀，但我告訴自己絕對不能跟妳說，因爲我曉得，一旦妳知道我在車上了，一定會心急到無法工作。」

我送出了個「大哭」的貼圖，也默默地流下愧疚的眼淚。

媽媽接著說：「四十幾分鐘的車程裡，我一直想起妳告訴我，夏威夷是一個很快樂的地方！我想，這裡絕對不會像紐約一樣危險。果然，當我認出飯店外的那棵大椰子樹，我就知道我平安抵達了。」

「那妳怎麼訂到房間的？」

「我用我的破英文跟櫃台人員說，我是被丟下的組員媽媽，不知今晚有沒有房間可以讓我睡一晚？如果沒有的話，我也可以睡大廳。我記得櫃檯人員叫 Margaret，她立刻幫我安排了一個房間。我就這樣check in，也安心地睡下了呀！最特別的是，Margaret居然在半夜塞了張紙條進來，告訴我她已經幫我排候補了，也附上自己的電話，告訴我有任何問題隨時都可以找她，即使是半夜也可以。」

我再次傳了傷心的貼圖。

「我原本想book三天的房間，因爲記得妳說過，最晚三天後會幫我安排班機回去。但……媽媽有一點擔心，因爲接下來兩天，飯店都客滿了，所以我明天晚上可以自己去附近找飯店睡。」

聽到這裡我又快瘋掉了，這時我知道我該做的事，除了安排機票，最重要的是幫媽媽找到飯店住！丟下媽媽也就算了，如果還害她沒有舒服的飯店住，我絕對立刻開票飛過去陪她一起流落街頭！

「媽，我拜託妳今天就安心地待著，肚子餓了要出去吃，對面有一個海灘可以去散散步。但只要出門、回來都必須跟我報備。我會在今天幫妳搞定機票、飯店，妳一定要平平安安的在那裡！」

「傻女兒，我很平安啦！」

在和媽媽聊天的同時，我還同時做了大量研究，到底要如何安排媽媽回來？若是要搭直飛班機回來，那還要讓媽媽等上整整四天，這四天媽媽會不會出門時碰到什麼危險？要不要讓她搭在東京轉機的班次，早一點回來？

不敢再冒險，買全票讓媽媽順利回家

我查了那週所有的航班，很不幸地發現所有「需要在東京轉機」的班次中，東京飛回台北的班機「班班爆滿」，就連員工候補的優待票也排到快天邊去了。我心想，我實在無法接受再次把媽媽丟在東京了。因此，我鐵了心：

「開票擺明就是要看人家臉色、看命運安排，我為何不自己花多一點錢，用原價買一張全票，讓媽媽保證有座位、平平安安地回來？」

我立刻聯絡旅行社，碰巧三天後的機票必須在那天下午前送出申請，眼看時間快到了，我「跪求」旅行社小姐一定要幫我處理好，要是沒有成功地把媽媽救回來，她可能就要再待上一個星期，那時等不到她回來，我應該已經難過到想切腹而死。但我最怕的不是這個，而是怕她到時候已經自己玩遍夏威夷，不想回家了。

旅行社小姐查了資料後，立刻回我電話：

「牧宜，妳要買全票是可以，但是，我們查了空位數，這班回去空位非常多耶！媽媽是一定上得了飛機的，妳確定妳不要用妳原本開的員工回程票，而要再花這麼多錢買一張全票嗎？」

「這是一定要的，我不願意再讓媽媽有任何機會被丟下了。」

「好哇，沒問題的！妳別擔心，有妳這片孝心，媽媽不會有事的。我現在馬上傳眞資料給妳，塡寫完後，妳只要在五點半前傳回來就可以了！但只剩二十分鐘了，所以可能腳步要快一點。」

在處理機票的同時，我也必須設法「搞定」媽媽的休憩之處。

我打了越洋電話給我們的飯店，確認接下來幾天是否有空房，不料飯店告訴我接下來兩三天都是「滿館」，也就是說，我必須幫媽媽安排其他飯店居住。

這時我靈機一動，想到那三封傳送失敗的簡訊。我用盡了所有方式，終於找到這三位組員的臉書和聯絡方式。我傳了訊息，拜託她們若看到訊息，幫我照顧一下目前還住在六〇二號房的媽媽，而我也會盡量在當地傍晚前幫她找到其他飯店。

俗話說：「當上帝幫你關上了門，必定會幫你開另一扇窗」。上帝是沒有幫我開了什麼窗，但倒是爲我和媽媽送來好幾位天使。

晚上我收到了這樣一個回覆：「牧宜姐您好，我是 Christine！我決定把房間給李媽媽住咯，而我和 Flora 姐也決定這幾天會住同一間房間，也一定會一起照顧媽媽的！我們剛剛已經到牧宜媽媽房間找她了，請姐姐放一百顆心。」

這兩位姐姐在訊息中，附上了她們和媽媽的合照，照片中的媽媽，眼睛紅了，想必姐姐的熱心深深感動了她。

我聯絡了當班客艙經理和事務長，他們也都很熱情地回覆我，請我放心地把媽媽交到他們手中。

他們都是上帝派給我的天使，我也終於體會到公司組員間的溫情。

一切都安排妥當後，我傳了這封訊息：

「媽，我已和客艙經理、事務長聯絡，二月五日那天晚上妳會搭他們的飛機回來，他們會安排妳和大家一起搭組員車。請不要擔心，我已經都安排妥當了！」

「女兒，我一直都沒有擔心，因爲我百分之百相信妳。晚安咯！」

她不在台灣的第一天，我也幫她處理完所有大小雜事，平時她像一位太后一樣，什麼都一手包辦，現在突然不能回國，做女兒的只能慢慢詢問，一件一件解決。就這樣忙到了晚上十一點，我終於累壞了。

通常長班回來一落地都是直接倒頭就睡的，但光買機票、聯絡住房事宜、聯絡組員，我就又連續忙了快二十個小時，加上在飛機上不安穩的十小時，我等同連續三十小時沒有睡覺，但一切都是值得的。

壓力可以把人逼到臨界值，正當我安撫完媽媽睡覺後，我四肢疲憊地爬上床，倒頭睡死了。

接下來的這四天，我每天都早上五點起床。因爲換算成夏威夷時間是十一點，我預估那時媽媽應該起床了，所以一定要早起陪她聊天，一直到夏威夷天黑了，她去睡了，我才能休息。

第一天，她害怕到不敢出門，只敢待在房間裡跟我聊天；第二天她走路到附近散步了；到了第三天，她居然自己搭了噹噹車去逛街，還到海邊散步。記得她在海邊看到一對年輕母女在玩耍，還拍了照片傳給我，說就像多年前我小時候，她帶我去海邊玩一樣。

二月六日早上五點五十五分，媽媽終於回來了。記得那天早上十點我還有任務，但我堅持要提早到機場接她。

在入境口看到媽媽出現，她很開心地走過來給我一個大大的擁抱，我眼睛紅了，對她的愧疚和心疼，並沒有隨著這幾天過去而消失。「媽……對不起啦，我不應該把妳丟下的。」

「哎唷，妳三八喔！妳看！我去 mall 買了一整組床單欸！」

我往下一看，看她硬把床套組塞進迷你的行李箱中。箱子就這樣被她塞到爆、完全壞掉了！

我再也不敢嘗試「乞丐票」了

平時的我，總是堅強不喜歡認輸，遇到困難時，我也會逼迫自己把難過和眼淚全都往肚裡吞。但當這一切都和自己所愛的家人有關時，我的勇氣和堅強就會瞬間被掏空。

日後，每當大家對我們的優待機票滿心羨煞，我都會把這故事從頭到尾敘述一次。有時候當你認爲自己做好一切準備了，卻可能又生出一個讓你意想不到的意外。就很像當時空位數已經顯示媽媽一定上得了飛機，但偏偏沒人想到飛機居然會在回程加滿油，最令人意外的是，才四十五公斤的媽媽居然被人嫌「太重」，拒絕於機門之外。

優待機票可怕的不只是讓人上不了飛機而已，而是必須承受突如其來的「意外」，就很像把家人的心提到最高點後，又重重地將它摔下。

歷經這一切合理卻不合情的遭遇，總覺得上帝好像在跟我開一個好大的玩笑。但上帝可愛的地方是，就在心情盪到谷底時，祂卻意外送來了好多天使。

除了一路陪伴我的 Katy、純純等組員朋友，還有準備離去的黑人司機先生、幫忙安排房間還自願二十四小時爲媽媽 on call 的飯店人員 Margaret、願意讓出房間還不忘和媽媽拍

在解救媽媽的過程中手機壞掉了，只能到咖啡廳借用朋友手機。因爲對媽媽太愧疚而眼淚直流，但還是得把握時間處理，因此乾脆用面紙把眼鏡固定吸眼淚，坐對面的朋友捕捉了這一幕。

照讓我放心的Christine、Flora，還有願意聽我一把鼻涕一把眼淚的電話還趕工訂機票的旅行社小姐，最重要的是一路帶媽媽回來，還在飛機上悉心照顧她的組員、客艙經理、事務長……

或許過幾年後，對於這整個夏威夷旅程，我會忘了難過的部分，留下來的只有這些天使爲我們編織的溫暖。

因爲這些天使，讓令我如此難過的丟包事件，也變得充滿意義。

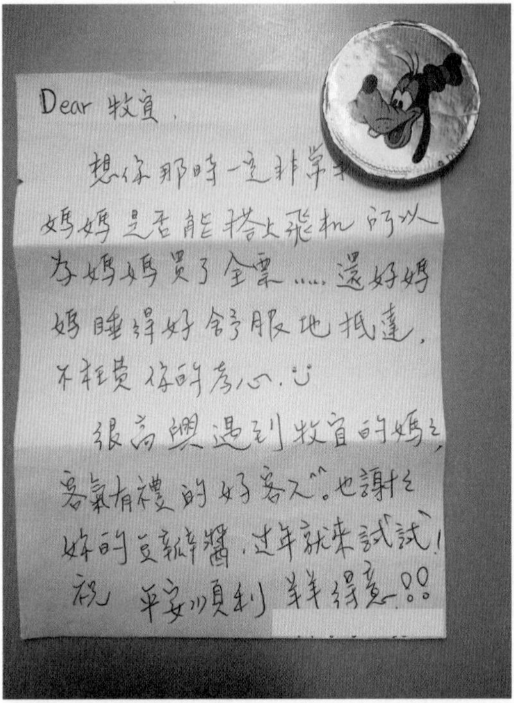
Dear 牧宜，
想你那時一定非常
媽媽是否能搭上飛機 所以
幫媽媽買了全票……還好媽
媽睡得好舒服地抵達，
不枉費你的苦心 :)
很高興遇到牧宜的媽媽，
客氣有禮的好客人。也謝謝
妳的豆瓣醬，過年就來試試！
祝 平安順利 洋洋得意!!

媽媽平安回國後，我準備了小禮物放到當班組員信箱，這是事務長的溫馨回信。

20

荷蘭人教我的人生小哲學

任何一種行業都會有其特殊的文化，但重要的是，我們要清楚知道自己想成爲什麼樣的人。

根據不同的需求，每位組員都有自己最喜歡的航班。雖然大部分的組員都討厭紅眼班＋當天來回的打仗班，但這種班型卻深受「已當父母」組員的喜愛，可以每天準時回家和孩子寫功課、陪伴他們睡覺。雖然不少人討厭飛時長、休時又少的美國班，但對於一些家庭在美國，或是在當地有伴侶的組員來說，卻是最方便、也最深受喜愛的。

CI065 航線路徑是台北—曼谷—阿姆斯特丹—曼谷—台北四段的七天班。雖然阿姆斯特丹是那麼地美，但也只有待上不到二十四小時，通常組員還沒補眠完，就要再回頭了。另外，前三段航程都是紅眼班，也就是說，這個星期中，只有最後一天不用熬夜。

雖然只能到兩地蜻蜓點水，但不知為什麼，這超累人的班卻是我最最最愛的長班，每次班表一出來，若被安排到這個班次，一定在換班社團裡標註「CI065 自飛」，除非用非常好的籌碼跟我交換，不然，絕不允許自己隨便把它換掉。

爲什麼我願意熬夜去飛？因爲我熱愛按摩，所以喜歡泰國。還有，我很喜歡那種走在荷蘭人群中，當哈比人的感覺，因爲只有這種時候，我才可以享受自己的渺小。

第一次飛 CI065 正逢四月，而我竟是如此幸運，在乍暖還寒的初春得到了造訪荷蘭的機會。在前往桃園機場的交通車上，突然收到媽媽的訊息：「雖然我知道妳會很累，但眞希望妳可以去庫肯霍夫（Keukenhof）公園看看鬱金香花海，因爲下次可以在花季飛到這個班，可能不知道幾年後了。」

媽媽在年輕時曾和爸爸一起飛到荷蘭參加會議，他們倆在鬱金香花海中的相片，多年前被集成一本相簿，放在家中的櫃子裡。從小，我三不五時都會去翻來看看，也會想起鬱金香的花語：「愛的宣言、榮譽的皇冠、永恆的祝福。」每次看著照片中新婚的爸爸媽媽，不自覺地會萌生出一絲絲的浪漫。

第一天深夜，我們到達曼谷，住進了一間很老的大飯店。以前就聽說這個飯店有點陰森，可能是因爲東南亞人喜歡在房間營造一種昏暗的感覺吧！但飯店正對面就是一整條按摩店街這件事情實在很吸引我，隔天，立刻殺到對面去消費。

我從街頭走到街尾想好好選擇一間，有趣的是，按摩店的外面總坐著一排按摩師，每間都有不同的風格，有些胳臂壯碩、有些特別妖嬌美麗，我選了一間看起來很乾淨，外頭又只坐了零星幾位的店員，因爲這代表大家都在裡面忙著，生意很好，技術一定不差！

幸運的是，這間的華航組員價眞是天殺的便宜，簡直是天助我也！我和按摩師借了WiFi密碼，開始認眞做起功課。先是搜尋荷蘭庫肯霍夫公園的歷史，然後查各種交通資訊。因爲自己記性實在太差了，還跟按摩師借了紙筆，寫了滿滿的筆記，我想，按摩師應該從沒看過這麼不專心按摩的客人吧！

接著，飛到下一個航段荷蘭時已是中午，每位組員的眼睛下面都出現了一道深紫色，希望司機可以開快一點，讓我們趕緊回飯店睡覺。我在車上偷偷問組員：「姐～請問等等有人想一起去看花海嗎？」

姐姐的回答統統像這樣：

「妳好欠揍，年輕體力好就想拉姐姐一起衝嗎？哈哈！我要睡覺。」

「如果妳願意等我睡上一個下午後再去，我也想一起啊。」

雖然我真心希望有姐姐可以跟我一起去，但同時也很害怕人生地不熟的自己會去不了，或是回不來。

這時，機長回應了：「牧宜，妳說妳想去花海嗎？要不要教官陪妳去？拉FO一起？」一旁的副機長（FO）也說：「我飛這裡好多次了，也從沒碰過花季！一定要去的啊。」

到了飯店，我們約好半小時後大廳見。進房間後我一直設法離床鋪遠一點，生怕自己一躺下就去找周公、起不來了。我傳了訊息給男友和媽媽報平安，卸了妝，放下包頭，換了一身簡單的衣服，快速地出門。

我們先是一起搭了公車回到機場，再轉車，一路往花園奔馳。教官說，在中世紀，宮廷大大小小的花園裡，都會種很多貴族在廚房煮菜時用的食材，所以以「庫肯霍夫」命名，就是「廚房花園」的意思。

「Keuken是廚房的意思，Hof是花園。來，牧宜，跟教官念一次：哭肯，哈夫。」

「哭肯，哈夫～」我和FO齊聲練習。

荷蘭庫肯霍夫公園的壯觀美景。

到了「哭肯，哈夫」花園，入口有穿著傳統荷蘭服飾、腳上踩著那雙看起來很難行走卻美到不行的木鞋的工作人員歡迎大家。接著，出現在眼前的景色令人精神一振。是上百公畝的花海，光鬱金香的品種就有一千多種，花朵爭相綻放，非常壯觀。我終於了解，爲什麼媽媽會建議我，不論多累都一定要來一趟。

在遍布上百萬朵鬱金香的花海中，我們看到許多的家庭、情侶、夫婦在這一起賞春，每個人臉上滿是喜悅。教官非常熱心地替我拍照，他笑著說：「中年大叔站在花海裡不但不美，還會破壞景致欸！來，牧宜比個ＹＡ。」

這一片美麗的景致並不是一夕之間，用魔法變出來的。據說，每年的九月到初霜來臨之前，花園裡的花農就會陸陸續續、細心地種下超過七百萬顆的球莖。到了隔年春天，經過八個多月的悉心照顧下，才培育出百萬花朵的美景，這才叫「爭奇鬥豔」啊。

忍不住和花朵一起合照。

而花季也只有開放短短兩個月。在一片片花海中，可以看出花農的用心，因爲每片花朵都是排列栽種，還有滿園的綠樹和草地襯托，有些還依偎著小河和藍天。更可愛的是，每一種鬱金香都有一個浪漫的名字。

老實說，我平常對賞花或是插花這類的事情沒有多大的興趣，但來到這裡，眞的會有種失心瘋的感覺，心中好像切換到另一種模式一樣，讓快門也停不下來。記得當時，我還當場刪了很多手機的舊照片，因爲記憶體實在不夠用了。

我和兩位教官一邊觀賞風景一邊吃午餐，我們各點了一瓶啤酒和一些小點，三人談笑風生。教官說，這條航線經曼谷又到荷蘭，是很棒的航線，可惜的是只在荷蘭待一天，大多數的姐姐都忙著休息，沒有太多時間可以出來探險。

我們開始聊起二十多年前的組員生活。

認清自己要成為什麼樣的人

「教官，現在我們每個月有一半以上的班，都是當天來回班＋血汗的長班，偶爾被排到日本或東南亞過夜班就好開心，至於排到一個好的長班根本是奢侈。以前的班有這麼差嗎？」

「當然沒有啊，現在的組員眞的愈來愈辛苦了。很久很久以前，我們還有種班型叫『二十八天班』，先從TPE飛到日本或是東南亞國家幾天，再飛往歐美，短暫的環遊世界一周，回來已經快一個月了！」

我的腦中立刻有很多美好的畫面，說：「這才是眞正拉著行李箱環遊世界工作的感覺呀！如果照以前的班型飛到這裡，就不用擔心補眠補不夠，無法出門了！」

「可是有家庭的怎麼辦？」剛新婚生子的FO問。

「所以，你能說這個是完美的嗎？我不覺得。以前有些資深空服組員，會飛到『家破人亡、妻離子散』！」

我腦中的畫面瞬間有點破滅了：「這麼誇張喔。」

機長繼續嚴肅地說：「當然這樣說是有點誇張了，但說眞的，以前做這行，要經營家庭眞的比現在困難太多。」

FO點點頭，「對啊，想一想，剛剛我一落地就可以打開手機，和家人報平安。如果網路穩的話，還可以用WiFi和老婆視訊。以前哪有這種事啊。」

機長接著說：「對啊，你想想喔，以前不只是沒有iPhone而已，是連手機都沒有！有時候長時間工作下來，和同事之間產生情愫也不是不可能的事。現在我們的組員有三四千位，以前哪有這麼多，飛來飛去都會一直遇到一樣的同事呀。」

「教官，是不是因爲這樣，所以才會有很多什麼『空服員很亂』啊，這種爛傳聞？」我有些失望。

機長笑笑說：「任何一種行業都會有其特殊的文化，但重要的是，我們要清楚知道自己想成爲什麼樣的人。妹妹我問妳，現在組員可以比以前常回家，眞的每個家庭都幸福美滿嗎？」

「我想應該也未必。」

我們在花海中曬著太陽，教官們開始聊起了其他話題，我則是維持了五分鐘的沉默。我想教官說的對，很多人說空服圈很亂、醫生圈很亂、媒體圈很亂……但只有身處其中的人才能知道眞相。況且，若知道自己想成爲什麼樣的人，又何必在意別人怎麼做或是別人怎麼說呢？對吧？

到紅燈區，看見尊重

離開花園前，教官問我有沒有想去哪裡看看？我毫不避諱地答了這一句：「教官，我想去看看紅燈區！」

一直以來，我對各國性工作者的工作文化很有興趣，阿姆斯特丹有「性自由之都」的稱號，又聽說各個都像櫥窗女郎一樣，實在非常好奇，就極力說服教官帶我去了。

教官們帶我去的紅燈區位在舊城區，一個叫作 De Wallen 的區域。紅燈區就位在運河的兩側。一進到這個區域，我就聞到濃濃的大麻味和尿騷味。轉頭看見路邊有一個個很像鐵籠子的圓形區域，是讓男生上廁所的地方。我趕緊捏著鼻子跑過去，生怕看見不該看的東西。

進入紅燈區前，教官千叮嚀萬交代，拍照行爲對性工作者極爲不尊重，如果不想被揍，千萬別對著櫥窗拍照，進了紅燈區最好就把手機收起來，也千萬別用手指著她們。據說，荷蘭政府把紅燈區列爲合法，一方面也是爲了保護這些性工作者，因此任何會冒犯她們的行爲都會引起群情激憤。

教官說，紅燈區之所以有這個名字，是因爲以前的人來消費時，總會把一盞紅色的燈籠掛在門外面。所以也有人說，房屋外紅色的燈亮起時，代表他們正在忙碌著。

紅燈區充滿了小巷弄，我把相機收好，選了一條走進去，看見裡面櫥窗一個接著一個，盡是袒胸露乳的女人，對著客人搔首弄姿，各種膚色都有。其實我花了滿多時間在觀察她們的身材，除了羨慕之外，也覺得挺美的，非常有藝術感。如果窗簾拉上了，代表她們正在工作中，或是正在休息、準備。教官說，這些女人都是獨立的工作者，也就是說，她們的價格和進行方式，完全以她們自己說了算，只要和顧客達成共識就可以了。

在東方，我們都認爲女生愈纖細愈美，但這些櫥窗中除了各種膚色都有外，各種身型也有，我無意間瞄到了幾個櫥窗內，是非常非常豐腴的女人，雖然有些豐腴到快塡滿了整個櫥窗，但也是挺美的。突然也慶幸自己的相機已經收起來了，可以讓眼睛好好地欣賞。雖說長輩可能會把她們歸類成「站壁的」，但我覺得這比「站壁」有文化多了！心想，如果是有生理需求的男性來到這裡，一定會有種挑選禮物的感覺——應有盡有，任君挑選。

雖然性工作合法化背後的政策相當複雜，每個人對性工作者和紅燈區的看法也不一樣，但有時我還滿欣賞這種文化的。或許合法化紅燈區，又有這麼多不成文規定，就是在提醒大眾：「享樂之餘，必須尊重他人。」若是連對人的基本尊重都做不到，就是自找麻煩，所以，這些幼稚的行爲，也不該被縱容吧！

荷蘭的單車文化

隔天早上，我起了個大早。先是到樓下吃了頓美味早餐（阿姆斯特丹 Novotel 的早餐眞不賴，簡單乾淨，種類也很多），然後到櫃檯租了一台腳踏車，雖然我也不知道能去哪，只覺得離上班還有一段時間，不如到處走走，看看人、看看風景。

飯店人員千叮嚀萬交代，告訴我阿姆斯特丹的偷車潮也是滿猖獗的，而且小偷的偷車手法愈來愈精進，所以給了我三個大鎖。我先是在不遠的超市買了一袋好吃的蜂蜜餅和一杯現榨柳橙汁，就開始了短暫的「亂竄」行程。

阿姆斯特丹大概是全球最大的腳踏車城市了。但我一直以爲看到的會是大家騎著帥氣的競速型腳踏車上路，未料最常見的是阿公型的「鐵馬」，還有各種改裝的形式，前後加裝了大型籃子或是木箱，感覺不管載東西或是載孩子都很方便。即使很多「鐵馬」行進間的聲音聽起來嘎吱嘎吱地響，很像騎一騎就要解體一樣，但視覺上卻感覺格外牢靠。

原來在我印象中，騎腳踏車是一種運動，一種酷炫的行爲；但在荷蘭人眼中，它是一種無法複製的生活態度和習慣。我記得《鐵馬革命》作者傑夫・梅普司曾說過，自行車之所以

荷蘭人的生活和自行車分不開，在一旁的巷弄中就是紅燈區了。

能在荷蘭如此普及，正是因爲它跟荷蘭人的生活緊密相連。

記得曾在荷蘭念研究所的學長說過，荷蘭人在小朋友三四歲時，就會訓練他們騎腳踏車，希望可以讓他們在學齡後開始自己騎腳踏車上學，也是訓練孩子獨立的方法之一。

想到這裡，我剛好經過了一個斜坡，看到一旁有一對父母正陪伴孩子騎車，他們輕扶住小朋友的背，看似沒出什麼力氣，感覺是爲了孩子意外時做準備。這讓我想起小時候，媽媽也是敦促並訓練我騎車，但差別的是她非常樂於讓我「跌跤」，或許這也是讓我感受平衡的方式之一吧。

阿姆斯特丹擁有自己的單車專用道，有別於台灣，很多單車道是和人行道徹底分開的。據說政府每年都投入上億元推廣自行車，不但單車道有專屬的號誌，交通法規也將單車列入優先考量，怪不得在荷蘭，人人都覺得騎腳踏車上路很安全。

即使如此，我這種觀光客仍然很不習慣「單車最大」這件事情。當騎到鬧區，看見滿街的單車橫衝直撞，良心發現好像要先禮讓行人，卻被後面的單車騎士瘋狂「噹噹噹」抗議，才知道對路權來說，單車是最大、也最有傲氣的。在不熟悉號誌的狀況下，我也一度騎上了「反方向」的車道，被荷蘭人狠狠瞪了幾眼。我想，如果想要成爲老大，也必須先熟悉當老大的規則。

回飯店後，我一邊化妝，一邊看 YouTube 頻道，聽著 YouTuber 在介紹荷蘭的單車文化歷史，結果讓我很驚訝。

我一直以為荷蘭會成為腳踏車大國的原因，是因為地理條件和公民水準都比較優。沒想到是因爲政府多年來下了非常多工夫，也對「騎士們」的教育花了很多心思。

在過去的台北，我常和汽機車一同爭道，實在有點危險，好在現在 Youbike 已經盛行，也愈來愈進步，相信我們也慢慢成爲 cyclist friendly 的城市了。很好奇台灣政府接下來會多做些什麼？畢竟現在我常和外國朋友炫耀台北的 Youbike 有多麼方便呢。

21

離職後，
我真的飛去印尼找安妮了！

我曾希望有一天小安妮要回印尼時，是搭我服務的飛機。如今這個夢想無法達成了。我們協議好，三月會帶媽媽飛去印尼和她相遇，讓她帶我們認識她的家。她還貼心地提醒我，到時候去日惹不可以穿太少、太短。當然啊，三年來，妳配合了我們的文化，這就讓我們去體驗妳的。

小安妮回印尼的倒數第四天，我們決定要登高看看台北市，遠遠看到松山機場有一架飛機起飛了（**注意右邊天空**），好像在提醒我們要分別了一樣。我們坐在這窗戶旁開始回憶過去，過了三年，妳終於要回家了。

她剛來台灣工作時，我還只是個大學生。記得她還沒買手機前，我常幫她用 email 和家人、男友聯絡。我常跟她說「妳就盡情跟爸媽和男友說妳多愛他們沒關係！最好是肉麻甜滋滋，反正我也看不懂印尼文，也不會去 Google translate，只會負責幫妳按寄出鍵。」

離開印尼這三年，她歷經了失戀，我也出了社會。雖然來自不同文

安妮要回國前，我們一起登 101 看台北市美景。

化背景，人生觀也不一定相同，但我們不知從何時起，成為了對方的垃圾桶，也常互相鼓勵要忠於自己的信仰。如今遇到可以倚靠的對象了，好希望她婚姻幸福，一輩子幸福。

我們從說話必須倚靠 google 翻譯，到現在已毫無溝通阻礙。這三年來，被忽略的那些微小細節，也隨著離別的日子近了，而被我們一一想起。有時這些細節一旦被溫習過了，就有了一層更深的涵意。雖然她叫我姐姐，但這三年來，她也教會我很多事。

我兩年前曾問她有沒有想過自己會永遠住在台灣？她說不可能，因為如果真的嫁過來了，有天跟老公吵架，沒有地方可以跑，怎麼辦？但今天她卻說：「雖然我要回去了，但我知道除了在印尼外，我在台灣也已經有個很完整的家了。」

她接著補充：「姐～如果有一天我又來台灣了，就代表我在印尼可能過得不是很好……」我立刻回答：「那妳不准再回來！」然後，我們很三八的一起流了幾滴眼淚，直到阿嬤從咖啡廳默默出來問：「拎咧衝殺？」我們才又笑了出來。

我曾希望有一天小安妮要回印尼時，是搭我服務的飛機。如今這個夢想無法達成了。我們協議好，三月會帶媽媽飛去印尼和她相遇，讓她帶我們認識她的家。她還貼心地提醒我，到時候去日惹不可以穿太少、太短。當然啊，三年來，妳配合了我們的文化，這就讓我們去體驗妳的。

飛往印尼找安妮

從深愛的娘家華航離職後隔天，我開始在關鍵評論網實習，連我自己都沒想到，我在辭職後隔天就開始了實習生活，薪水從原本的月薪加上無上限的飛行加給，降到了只剩微薄的時薪。

而實習了超過半年的編輯工作，我總算爭取到了升正職的機會，也總算意識到自己必須好好休息了。

我從沒有忘記自己對安妮的承諾。

飛了這些年，我體驗了空服員的生活，這種生活和以前與父母跟團出國的經驗不同。不過，我從未給自己來個「屬於自己」的旅遊，爲了配合對安妮的諾言，我決定來場「眞正的旅遊」。

我向主管請了假，準備在二月十八日這天出發飛往印尼。我們的行李箱裡有超過一半的容量，都裝著要帶給安妮家人以及 Ika（現在家裡新的小移工）家人的禮物。

這次的路程分三部曲：

1. 台北—雅加達（中華航空）
2. 雅加達 — 日惹（印尼航空）
3. 日惹 — Cilacap — Layansari（不知會花上多久的車程）

還記得我說過空服員的「員工優待票」很難用嗎？繼上次把媽媽丟在夏威夷後，這次我不敢再冒險了！在出發前一週，我開始請前同事幫我追蹤空位人數。未料在二月十五日那天發現，二月十八日的空位人數少得很危險，二月十七日那天空位卻很多。

因此我毅然決然地，在二月十七日那天訂了雅加達的飯店，決定在那天就出發，住一天後再前往日惹，免得又出現上不了飛機、轉機取消不了的窘境。

離職後，終於有機會搭自家飛機了！說眞的，還是很懷念前東家，因爲組員的感情永遠這麼溫暖。上飛機那刻，彷彿回到娘家一樣，雖然最後上機，行李櫃都滿了，但身爲前組員的我還是有辦法迅速地調整、移出空間。媽媽原先還希望找其他組員幫忙，沒想到一轉頭就發現我已經放好行李坐在座位上了。這才是專業的呀！

我事先準備好自己最喜歡的一大盒牛軋糖，準備要送機上組員當點心吃，但又很怕在不對的時機進廚房，打擾姐姐工作。好在我記憶力不錯，記得台北飛往雅加達的服務流程，是先送飲料（果豆）、賣免稅品，過一段時間後才送熱餐。我在組員賣完免稅品後，把小禮物送到後面廚房。

我拉下口罩，對廚房的三位姐姐說：

「姐~不好意思，我之前是三三六期的組員，剛離職。這邊是小小的禮物，不好意思，我沒辦法拆開包裝紙，所以，再麻煩妳們幫我分給三個廚房喔。」

正當我準備撤退時，有個姐姐突然對我說：

「牧宜姐~妳終於回來了！」並給了我一個大擁抱。

雖然沒和她們飛過，但她們居然知道我，讓我非常意外。但最有面子的是小安妮，連姐姐們都記得她，因爲她們接著說了這句：

「妳飛雅加達要做什麼？啊！是要去找小安妮嗎？」

姐姐們送完餐後，我進了廚房和大家聊天。我們聊了好多公司這半年來發生的所有事情，姐姐還不忘跟我更新消息，像是最近公司進了多少「奇葩新進組員」啦，或是哪位高層又做了什麼事情，聽著聽著我也不禁跟著狂笑，想到以前在廚房就是這樣度過的。

有趣的是，我還是會自己操作 Coffee maker，從廁所出來前，也還是很習慣地想打掃乾淨，甚至聽到服務鈴時，還是會很自動地衝出廚房，證明這些以前就養成的工作習慣，已經成了永久的反射動作。姐姐一直笑我：「離職了，就別再說『姐我來』了吧！而且，妳穿這樣是要去回什麼服務鈴啦！」

客艙經理來找我後，我給了她大大的擁抱！我們一起聊天，廚房裡笑聲不斷。姐姐還包了很多機上小點心，希望我們可以帶下機送給小安妮吃。雖然離見到安妮的那刻還要非常久，但姐姐們的愛心怎可辜負呢？這就是我最懷念這裡的地方，組員之間的溫情永遠是最可貴的。

我們原先只是計畫在雅加達轉機，沒想到臨時更改行程，所以，我也沒有事先做功課。

到了雅加達機場時，我對媽媽說：

「媽，對不起啦，因爲太臨時了，以前飛雅加達也都只有逛百貨公司、按摩和睡死在飯店，我也不知道雅加達有什麼好玩的地方。」

媽媽大笑，勾著我說：「這不就是一個行程嗎？讓我體驗一下組員都過些什麼生活也不錯啊！」

所以，我眞的帶媽媽走了組員完整的「雅加達行程」。先是做了全身按摩，再到雅加達連鎖餐廳「帝王鴨」吃飯（我還不忘點以前最愛的炒粿條），接著到 Mall 裡走走、晃晃。眼看天也要黑了，爲了明天要養精蓄銳，我們就在飯店舒服地睡下了。

雅加達—日惹的班機是在隔天午後，因爲第一次搭印尼航空，我對機上的空服員實在太好奇，因此默默地觀察她們的服裝、妝髮和服務流程。我很喜歡印尼航空組員的臉蛋，每位的五官都好深邃、好迷人（當然，華航的組員也是很優質的）。

最讓我羨慕的是，她們在機上穿的鞋子竟然是涼鞋！這樣移動會很方便，也不會有腳臭的問題。記得以前在機上要穿絲襪及包鞋，飛了一段長班後回到飯店，最不期待的就是脫下鞋子，因爲必須暫時閉氣。

受到明星式的歡迎

到了日惹機場，我和媽媽拖著行李排隊往出口（Keluar）走，遠遠看到安妮在遠方用力地揮手！對她的思念直接湧上來，很想用我強壯的手臂撥開人群，衝過去給她一個擁抱。

我們終於含淚相擁了，安妮還穿著媽媽以前送她的中國旗袍上衣來接機。但久久未見我的她，居然驚呼：「姐，妳也穿得太短了！進我家之前要全部包起來喔！」她也用力地擁抱了媽媽，還馬上問：「阿嬤最近怎麼樣了？有沒有健康，她都還好嗎？」

過了兩個月，安妮還是把阿嬤掛在心上。

媽媽說：「哎唷，出門前有吵架啦，但吵什麼妳應該都知道，妳懂阿嬤的！」

安妮大笑：「快上車跟我說！」

安妮說我們必須千里跋涉，開五、六個小時的車，才能到達安妮住的村落「Layansari」。

我們的專屬司機是安妮在村裡的好友Edi，在機場看到他時，先是很客氣地說很抱歉啦，麻煩他來載我們啦之類，很有禮貌的話，結果經過七個多小時的車程，我們已經學會互嗆了，雖然還是要透過安妮的翻譯，但是麻吉的互嗆，是沒有語言隔閡的，對吧！

整趟路程只能用「顛簸」兩個字形容，因爲慢慢接近Layansari時，馬路也漸漸從柏油路變成泥巴地，好在Edi是超安全駕駛，終於把我們安全地送達。

安妮說，爸爸媽媽平常九點就會睡覺了，但我們在晚上十一點多才終於到了安妮家，原本準備好要躡手躡腳地進屋子裡，沒想到全家都興奮到睡不著，還在客廳等著迎接我們！安妮媽媽打著赤腳，看到我們有種狂喜的感覺，安妮爸爸則先是無限的repeat「你好嗎～」，然後還沒等到我們的答案，就熱情地指著桌上的tembe（印尼豆餅）說：「慶～～～～」安妮立刻糾正：「請～」爸爸設法想更正，但還是一直說：「慶～～～～」

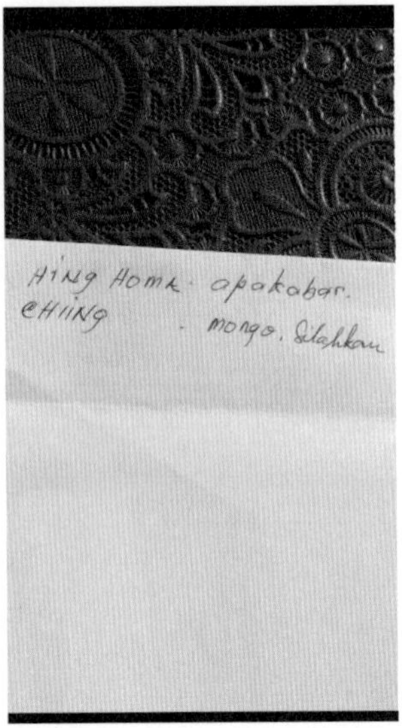

安妮爸爸偷偷準備的小抄。

結果我偷偷看到了一張紙，是安妮爸爸事先做的小抄。據說他練習了非常久，是「你好嗎」和「請～」，雖然請一直被念成「慶～」，但還是好可愛！

進了安妮家，實在是有點震撼，我

從來沒有住過眞的用磚頭堆起，除了客廳外，其他地方都沒有油漆，屋頂則是用瓦片一片一片重疊拼起、再用竹子支撐起來的房子。要洗澡必須去井邊打水，再扛進浴室裡，家裡更不可能有「吹風機」這種東西。

安妮媽媽已經在廚房用木柴燒熱水，準備要給我們洗澡。安妮說，因爲這裡實在太熱了，除了生病的人，沒有人會洗熱水澡。而且傳統印尼人都是中午和下午各洗一次，沒有在晚上洗澡的習慣。

我們覺得實在太不好意思了。這麼多例外，居然都獻給了我們。安妮爸爸用印尼話說：「沒有任何外國雇主來過這個地方，這三年來感謝你們都來不及了，燒燒柴火和熱水有什麼大不了！」我想，安妮也是在一個充滿愛的家庭長大的。在這裡，我們在台灣習慣的生活模式統統不見了，留下的是最簡單的純樸。

和安妮家人一起做飯前祈禱。

過去在台灣，我們的每一餐飯前都會一起禱告。這回安妮爸爸也帶著我們一起禱告，雖然過程中，我們心中敬拜的神都不同，但祝福禱告不都是最棒的感恩嗎？

噴完了防蚊液，我和媽媽一起躺在床上，看著竹子和瓦片做成的天花板，耳邊都是飛來飛去、成群的蚊子，雖然很想再多感受一下這個沉靜的夜晚，但實在太累了，就慢慢沉睡了。

早上起床，一打開房門，就看到令我難忘的畫面。

原來是一大早就來屋子裡報到的村民，他們說想來看看，傳說中來自國外的超級稀客母女長什麼樣子。我和媽媽先是熱情地跟他們揮揮手，給他們超級燦爛的笑容。安妮小聲地提醒：「牽手，牽手。」

我們趕緊走過去，一個一個握手。依照安妮前一晚的教學，晚輩在握手後，必

一早到安妮家報到的熱情村民。

須把對方的手輕碰自己的額頭或是臉頰。

雖然我很努力想做得確實，但手腳實在太慢，還來不及碰臉頰，對方就把手抽走，準備握我媽的手了。只能說我的動作比長輩還遲緩，實在有點厲害。

安妮媽媽的愛心早餐非常豐盛，是用椰子皮包的糯米，配上獨特的油豆腐、花生醬料和碎蝦餅。據說這是只有家裡過年時才會準備的佳餚，爲了迎接我們，她居然連夜趕工爲我們製作！

安妮媽媽是個態度強勢、眼神卻充滿溫暖的傳統婦女，連我們要騎車出門時，她和安妮爸爸兩人還不忘站在門前千叮嚀萬叮嚀，叫我們要小心騎車啦~注意安全啦。看到她，很像看到電影裡才會出現的那種身穿村姑裝的鄉村傳統婦女，好可愛。

說眞的，我還眞沒有在未戴安全帽的狀況下坐過機車，但更特別的是，載我的機車騎士

安妮騎機車載我出門拜訪親戚朋友。

是超勇猛的安妮小姐，騎車時像一條活龍在田野間鑽來鑽去，以這種速度，我只能一邊披頭散髮一邊緊緊抱住她。

感受到村民的熱情

安妮帶我們來的第一站，是村民最常來的菜市場。其實每到異地，我最喜歡去的地方就是傳統市場，就是愛裡面那種很重的肉味及魚腥味，旁邊又賣什麼蔬菜水果啦，然後走一走又看到一堆賣衣服、水桶、鍋子的攤販。我不知道這邊的村民是否從來沒有看過白一點的亞洲人，走在市場裡，我和媽媽就像是哪來的 superstar，每個攤販的人都死命地跟在我們後面，還要安妮站定一個位置，好好爲村民解說我們的來歷，才能暫時紓解人潮。

安妮就像是個導遊兼大姐頭一樣，帶我們到處去認識不同的攤販老闆，我們只要問：「Foto ?」他們都會自動地擺好姿勢和表情。

菜市場逛完後，就是一連串的親善、探親行程了。我和媽媽坐著傳統的人力三輪車 becak，一路奔馳，中間經過了很多泥濘的泥巴地，也經過了超美的田園。

這位老阿嬤賣的是檳榔，她努力地爲我們解說各種檳榔的特色和搭配食用的植物，看到她年紀大到沒力氣起身，頓時有點鼻酸。雖然沒有吃檳榔的習慣，但可以幫她拍一張美美的照片。我們幫她拍了十張讓她看，最後她說最喜歡這張。

我們兩個隨著三輪車上上下下浮浮沉沉，正當我被晃到頭暈、皺起眉頭時，媽媽在一旁說：「欸，看看後面司機。」我偷偷用手機內鏡頭往後偷拍，在照片中大汗淋漓的大叔賣力地踩著，一瞬間，我的抱怨都不見了，上下擺動幅度超大時，就改成歡呼。

我們手拎一袋阿公最喜歡吃的橘子（Jeruk）拜訪安妮外公，他一個人住在極其簡陋的屋子裡，據說只要下大雨就會滿屋子泥濘，但他還是很堅持住在這裡，因爲這是自己永遠的家。阿公從屋內走出來後，我們立刻做練習已久，針對老長輩的「握手法」。

這次我手腳很快（因爲阿公動作太慢），很順利地做完整套，把他的手輕放在額頭後，再把自己的雙手放到胸前。安妮說，雖然阿公家很破爛，但井水可是全村最乾淨的，即使是下雨天，水質都很優，所以來阿公家洗澡，是最享受的事情。

或許這就是上帝可愛的地方吧，在這種眼看根本住不了人的屋子內，很碰巧地，就是會有一個別的地方都找不到的美麗之處。

在安妮已經出嫁的小姐姐家，我們見了姐姐、公婆、姐夫和可愛的姪子，我發現跟安妮相關的親戚都有一個共通點：有超大超美的眼睛。

小姐姐是安妮爸爸的第一任妻子的小女兒，從小和安妮一同長大，之前也遠渡重洋到新加坡當移工。

小姐姐說，很多移工有不爲人知的故事。她的一個好姐妹，在新加坡工作了三年，準備回印尼要嫁給與自己愛情長跑的男友。沒想到回國後才發現，那個男生已經結婚生子，還離婚後、再結婚。而這一切的一切都發生在她去新加坡後，最可惡的是，這三年他們一直交往中，但女生卻渾然不知。

聽了這個故事有點心酸，大家通常都以爲移工合約滿了後，是滿載而歸的回家鄉，但很多人卻都忽略了這件事：他們可能必須回去，鼓起勇氣面對許多自己未知的心碎。

最後她開玩笑地問我們：「以後如果有機會，還可以去你們家工作嗎？」也不知道安妮在

安妮外公家的外觀。

這裡是如何稱讚我們家的呢。

探訪行程引起當地居民討論

下一位是最遠，但也是我們最重要的家人之一：Ika的家人。Ika是安妮念高中時的好姐妹，安妮回印尼前介紹了她來我們家接棒，所以現在是我們家的新安妮。我們帶了好多禮物，像Ika最喜歡的鳳梨酥和牛軋糖，原本想設法帶珍珠奶茶過去，但因爲太艱難，所以作罷。

先是Ika的嬸嬸出來迎接，聽說他們連續打掃了一個星期，就爲了要好好接待我們。他們更是擔心我們會碰到下雨天，因爲一下雨就是滿路泥濘，連摩托車都騎不進來。媽媽笑著說：「雨再大、再泥濘，都一定要來啊！」

進屋後，我不小心瞄到Ika媽媽正在屋內包頭巾，她有一頭又鬈又美的長髮，眼神充滿溫暖和氣質。這不經意的一瞄，讓我發現還沒包上頭巾的印尼女人竟是這麼美，這更可以凸顯穆斯林包頭的精神：「我的美麗只屬於家人和丈夫」。

Ika 媽媽看到我們後，情緒非常激動，好幾度偷偷掀上頭巾擦眼淚。透過安妮的翻譯才知道，Ika 媽媽之前聽說台灣下雪了，在印尼好擔心，因爲她知道全世界沒有人比自己的女兒更怕冷。我笑著對她說，媽媽有把自己的厚褲子給她穿啦，別擔心，但不知道是媽媽太胖還是 Ika 太瘦，一穿上去就掉下來，所以換了有鬆緊帶的厚長褲，才能眞的卡住。

我趕快把教 Ika 中文的影片給他們看，看到女兒在影片中，努力練習中文的可愛模樣，她媽媽又忍不住哭了。這畫面眞令人動容。在大笑聲和淚水夾雜的客廳裡，Ika 媽媽臉上都是透露對女兒滿滿思念的眼淚。

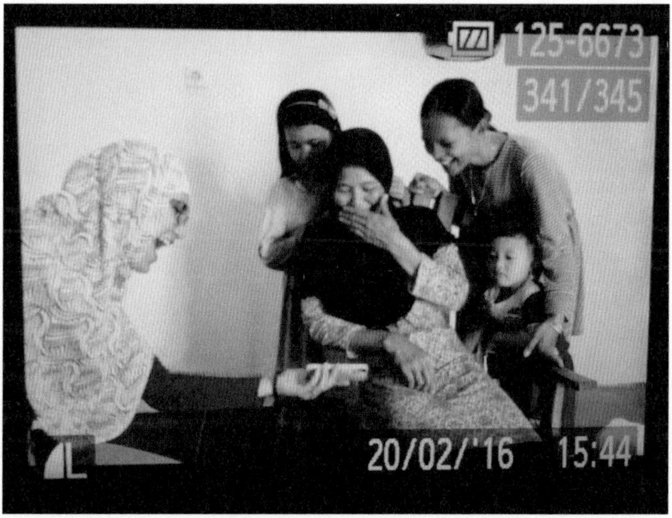

Ika 媽媽和家人一起看 Ika 在我們家的影片，又驚又喜。

我們最後把 Ika 手寫的家書交給她。她說，一直以來都很擔心 Ika，但見到 mamih（印尼移工俗稱雇主太太為「mamih」）本人，總算實實在在地放心了。說完這句，她的眼淚又掉下來。

送我們出去的小道上，我們手上拎著Ika媽媽託我們帶回台灣給Ika的東西，一路上有說有笑。最後Ika媽媽和媽媽深深的擁抱，揮揮手目送我們離開。因為自己還沒結婚生子，所以很難想像女兒遠渡重洋工作又音訊全無的媽媽，日子要怎麼過。但這也是我們去拜訪他們的目的，希望她親眼看到女兒的雇主，可以真正的放心。也許這對一個殷切盼望女兒的母親來說，就是最重要的事情吧。

到了穆斯林禮拜的時刻了。安妮載我們到附近的清真寺，沒想到旁邊的學校衝出了一堆打赤腳的孩子，他們對我們充滿好奇，也不忘在鏡頭前擺出各種pose，看著孩子天真無邪的笑容，還有什麼比這畫面更迷人呢？

安妮說，已經有很多朋友在Facebook上討論，今天早上有台灣的太太和女兒到市場去逛！據說安妮念的高中也聽說了村裡有稀客來訪的消息，竟然熱情邀請我們到學校和師生相聚。對我和媽媽來說，只有來這裡才會有明星式的歡迎，oh well……就好好享受一下吧。

有一天，Edi邀請我們去他家喝椰子水。他們是當地少數的有錢人，家裡不但有車有冰箱、電視，還有村裡少見的水槽。他們兄弟都在韓國工作，因此回印尼後，生活過得非常好。Edi全家隆重地歡迎我們，他媽媽還搬出了家裡所有最美的茶具。

Edi媽媽激動地說：「國外的雇主進到我們村裡拜訪，還是史上第一遭，今晚住在這裡好不好？」

Edi一個箭步爬上院子的椰子樹，在樹頂上幫我們精選了三顆椰子，再一個箭步跳下來！我開玩笑地對Edi說：你是全村最帥最帥（Ganteng）的……猴子！從此Edi又被我稱作Mr. Ganteng。

Edi是一個很貼心的好男生，據說對女友非常專情。在一起遊玩的過程中，發現他的心思很細膩，也很會察言觀色，隨時看我們的臉色調整行程。據說我

在清眞寺學校中，天眞無邪的孩子們。

們到印尼前，他還問安妮我和太太都喜歡聽什麼歌，要幫我下載到車上聽。

Edi 一直很想到韓國工作，未料之前因爲身體檢查沒有完全通過而失敗。

我問他會不會想再試一次？他笑笑說：「Maybe~」

在這裡，每晚都會有清眞寺的孩子來安妮家讀經，由嚴格的安妮媽媽親自監督。她笑著說，要在孩子調皮搗蛋的同時保持心平氣和，是一件很難的事情，所以教孩子念經可以順便修身養性。

我很喜歡孩子念可蘭經的聲音，聽說讀經時，長音和短音要分得非常清楚，所以很像在唱歌，配上孩子天眞無邪的聲音，心裡意外的很平靜、充滿感恩的力量。這裡沒有什麼物資可言，但孩子的心靈卻比誰都還豐富。

拜訪安妮的未婚夫（簡稱歐山）是必要行程，聽說他們家聽到我們要去拜訪非常興奮，連近日生病的歐山媽媽都堅持要從床上起身，好好迎接我們。

眞的很開心可以見到歐山本人，成熟可靠又上進的男人。媽媽握住歐山的手說：「我們把安妮交給你，一定要疼她、對她好，讓她幸福。」

沒想到歐山居然說：「She's my first and last love.」讓安妮現場害羞地起雞皮疙瘩。眞心希望三月的婚禮可以很順利，也祝福他們永遠幸福。

在安妮家的最後一晚

那天，我們帶兩個妹妹到海邊玩，我和安妮面著海、踩著沙，我對她說：「妳剛回來印尼時說，家裡已經破到根本沒辦法住人了。這次到妳家，發現房子都已經修補完成，還另外蓋了廚房和兩個房間，我很難想像妳才二十一歲，已經是位可以撐起一個家的女兒，妳的成熟眞的很驚人。」

她說：「姐姐，如果妳生在我的家庭，就會知道妳不得不成熟。這個家在我出生時蓋好，過了二十幾年後我要出嫁了，幫爸媽和兩個妹妹搭建安全的家是我的責任。」

之前在台灣，安妮就說過她有個朋友很會做 Henna art，這次好不容易來家鄉了，當然要親身試試啊！這是源自印度、用指甲花作爲顏料的身體彩繪，大多數女孩要出嫁時，一定會在雙手、身體畫上 Henna painting，象徵愛情和祝福。

要等上四、五個小時乾掉後才能撕掉，徹底印在皮膚上，可以維持大概一週。我選了紅色，還有幾種細花邊的花紋，把自己的雙手當成畫布交給她。

成品出來後，我驚呼實在太美了，突然覺得自己變得優雅有氣質，對 henna 相見恨晚，

安妮的好朋友是專業的 Henna 繪畫家。

安妮和我一起把手上的 Henna Painting 撕除。

雖然走在台北街頭可能會被誤認爲是被家暴的妻子，但在這裡，我卻深深地受到最美好的祝福。

在安妮家的最後一晚，我們一起吃我最喜歡的傳統美食 soto ayam，小安妮和我一起把手上乾掉的彩繪慢慢撕掉，手上呈現出漂亮的粉紅色圖騰。

安妮笑說：「姐姐我好 jealous，跟妳的手比起來，我手上的 Henna 根本就看不到。」皮膚愈白的人愈適合畫 Henna painting，但好像只有來自深色皮膚地區的人才會有這種傳統，這不是很有趣的事情嗎？

過了這麼多天，明天就要離開安妮家去日惹旅遊了，在這裡的每

安妮給兩個媽媽愛的擁抱。

一刻都有無比的感動，聊到一半，媽媽突然起身衝去擁抱安妮媽媽。

安妮媽媽笑說，安妮去台灣前還是個叛逆的少女，這次回來她深刻感受到女兒的改變。謝謝媽媽一直把安妮視爲親生女兒在教導，連合約到期後也堅持要來拜訪，雖然她能做的不多，但她也眞心把我當成自己的女兒一樣。看著我即將要離開他們家，也很像自己的女兒要出遠門一樣，很捨不得。

講著講著，安妮也衝過去給兩個媽媽一個大擁抱。

那晚我坐在地上，用印尼文寫了一封信給安妮媽媽，想在明天離別時交給她（當然是安妮用印尼文幫我翻譯後，我再一字一句的抄寫），記得寫著寫著，身邊還出現了幾隻蟑螂和小青蛙。

其中一些內容大致是這樣的：

親愛的Mama，安妮在我們家的三年裡，常常跟我說「母親」是最重要的，特別是我和媽媽吵架的時候。雖然我們現在也常吵架，但她說的話，我都會不時地想起。

這次到印尼來見到您，我才終於明白，一直以來，安妮想跟我說什麼。雖然我是安妮的姐姐，有時卻覺得她的思想比我更像姐姐，您有一個很棒很棒的女兒，我真的很謝謝您。

抄寫的過程中，我還一時哽咽寫不下去，還好媽媽已經昏睡在房間裡，沒有注意到滿臉淚水的我。

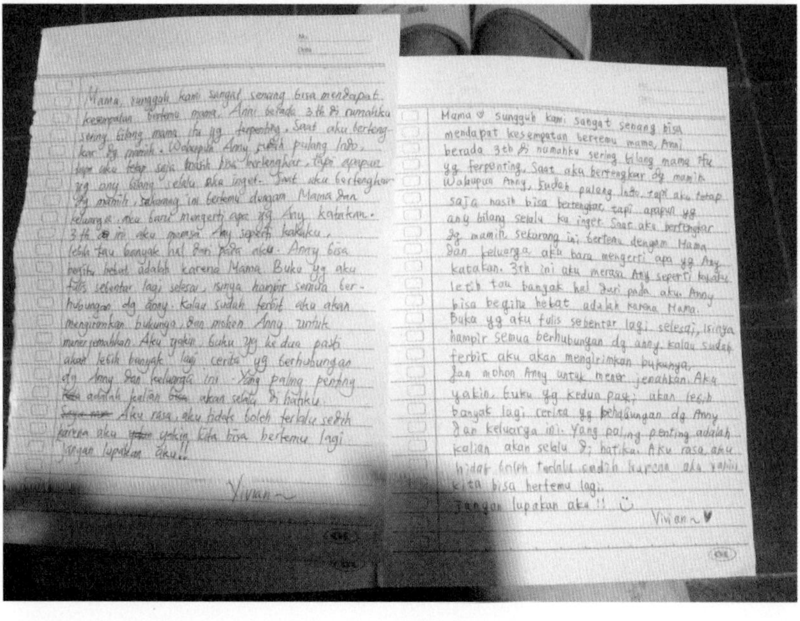
Mama ♡ sungguh kami sangat senang bisa mendapat kesempatan bertemu mama, Anni berada 3th di rumahku sering bilang mama itu yg terpenting. Saat aku bertengkar dg mamih Walaupun Anny sudah pulang Indo. tapi aku tetap saja masih bisa bertengkar tapi apapun yg any bilang selalu ku inget. Saat aku bertengkar dg mamih sekarang ini bertemu dengan Mama dan keluarga aku baru mengerti apa yg Any katakan. 3th ini aku merasa Any seperti kakaku lebih tau banyak hal dari pada aku. Anny bisa begitu hebat adalah karena Mama. Buku yg aku tulis sebentar lagi selesai, isinya hampir semua berhubungan dg anny. kalau sudah terbit aku akan mengirimkan bukunya, dan mohon Anny untuk menerjemahkan. Aku yakin. buku yg kedua pasti akan lebih banyak lagi cerita yg behubungan dg Anny dan keluarga ini. Yang paling penting adalah kalian akan selalu di hatiku. Aku rasa aku tidak boleh terlalu sedih karena aku yakin kita bisa bertemu lagi.
Jangan lupakan aku!! ☺
Vivian~♥

安妮照我的話翻譯成印尼文的信（左），及我親手抄寫的正式版本（右）。

在安妮家的最後一晚。

到了深夜，我在只有一盞小燈的房間裡寫稿，這畫面被偷偷拍下來，沒想到照片裡，那盞唯一的小燈的光芒，在牆上映現出一顆明亮的愛心。

我想，這應該就是安妮家的阿拉和我的上帝，準備爲我們在這屋子裡的最後一晚畫下的完美句點吧。

發自內心的同理

分離的時刻總是來得特別快。隔天我們起個大早，和全家人一起吃了早餐。安妮幫我們準備了好喝的牛奶（Susu），讓我們有飽足的精神，拉車回日惹；安妮媽媽也特別親手炸了一箱的印尼花生豆餅，希望我們可以帶回台灣，好好回味。

離別前，我們和全家人做了好長好長的道別。雖然我不覺得自己會就此永別，但下次來這裡，一切都不會一樣了。安妮即將嫁人，未來搬到公婆家後，也不可能常常出來趴趴走，也就是說，我們像這樣和一家人相處，也是最後一回了。

安妮媽媽說，眞的這輩子沒有想過，女兒的雇主會願意這樣飛來，拉這麼久的車，還願意住在他們破爛的家，想喝水要打井水才有，晚上睡覺時還有一堆昆蟲陪睡。媽媽對他們說，謝謝你們教出這麼好的女兒，看到你們全家人和未婚夫，我們也眞的放心了。從今天開始，我們已經不是雇主和移工的關係，而是朋友，也是最親愛的家人。

聽著聽著，安妮爸爸媽媽都哭了。安妮媽媽默默拿出屋子裡最漂亮的衣服，走進房間裡換上，她說，希望可以爲我們留下最漂亮的畫面（據說她還在房裡練習微笑，因爲他們不太常拍照）。

安妮偷偷跟我們說，她的媽媽個性非常堅強，這輩子沒有看過媽媽哭，沒想到這個第一次居然獻給了我們。離別時雖然我們都已經上車，但我又忍不住跳下車，再和安妮媽媽擁抱一次。

她用力地抹去我臉上的淚水，往自己身上擦，用印尼文說：「不要哭！一副我們永遠不會再見一樣！」便拍拍我的屁股，把我趕上車，揮揮手目送我們離去。

在印尼的這段時間，一直有朋友傳訊息給我，稱讚我們很偉大，因爲我們是很有「同情心」的雇主，但我必須說，用「同情心」來形容我們並不恰當。

過去幾年，我不喜歡用憐憫的態度面對任何人，尤其是對安妮的家人。雖然她曾經是我們家雇用的移工，但我們都不想用「她是外勞」的眼光來看待她，因爲要是我，也不喜歡別人用這種標準來看我。

過去幾年，安妮是和我家一起合作的夥伴，她和我們一起讓這個社會變得更好。面對這些朋友對我們的誇獎，我很感謝，但換個想法，憐憫也是變相的歧視，對吧？

這也是在飛機上工作的期間，我很徹底的領悟。

記得安妮以前常跟我說：「姐姐，我以爲高的人，不會跟低的人講話。」我也會反問她：「妳覺得什麼是高？又什麼是低？這個標準只有我們心裡知道。」

有人問我，爲什麼我和安妮這麼好，我想，既然我和印尼這

離開安妮家前，和安妮全家人的合影。

麼有緣，也許上輩子我們就是姐妹，一起住在這間 layansari 的破房子裡吧！

不管這些人多需要物資，這些來到台灣辛苦工作的他們，並不需要盲目的同情，而是發自內心的同理。我和媽媽大老遠從台灣到 layansari 來，也不是為了要帶來什麼多名貴的東西，而是來到這裡，「同理」地過過安妮在家鄉的生活、「同理」地和她親愛的家人相處，而看到大家感動的淚水，對我們兩家人來說，才是最寶貴的經驗。

回台北的飛機上，我看到一個很熟悉的畫面，是我以前很常看到的畫面。

一位位移工上了飛機，手上拿著裝文件的牛皮紙袋，一位一位接續入座。他們感覺很疲累，眼神也是那熟悉的小小的恐懼、大大的不確定。我閉著眼，想起和安妮一起走過這趟旅程，再打開眼睛看看他們，心裡由衷的祝福他們，人生可以過得順利、幸福。

後記

文字工作的開始

這幾天，我看著以前和組員朋友的訊息，看到這一個小篇幅：

姐，我曾經有一段時間，覺得很茫然，覺得身處在一個沒什麼腦袋的工作環境，有時候覺得身邊的人的談話內容，不外乎八卦和抱怨，我們總只是互相分享哪裡東西好吃、哪裡名牌便宜，我有時覺得自己變成一個空洞的人。

然而看了妳的文章之後，才知道原來其實還是有人在用腦袋做這份簡單到不需要動腦的工作，原來我身邊還是有這麼多聰明人、這麼多用心思在過生活的人，是我自己的問題。

看到這份訊息，我回想起，過去很多人認爲空服員膚淺、沒有內涵，不知不覺地，我覺得很憤怒。

其實在空服圈中，我們每個人都一樣用心，只是這個工作環境或許某種程度改變了我們，或也可以說，我漸漸讓自己被改變了。姐姐說得沒錯，因爲我也曾跟她有一樣的感受。

小時候的兩個夢想，就是成爲空姐和主播。原因很簡單，也很天眞。

兒時總覺得空服員氣質、亮麗，如果成爲空服員，可以環遊世界，接觸到世界的每個角落。我嚮往充滿挑戰的生活，更想拉近自己與世界的距離。所以大學畢業後，我毅然決然地報考，也很順利地實踐了這個夢想。我給自己最多兩年的時間，要好好的體驗新的生活。

二十二歲，我開始了忙碌的飛行生活，除了在飛機上工作、服務乘客，我踏過了五大洲、去了世界許多大國與小島、參與各國節慶、接觸了來自不同國家的人、見證了各種不同的文化。

我過得很充實、快樂，認爲我的夢想已經實現了。

等到工作上手後，我每天過著化妝、上班、落地、睡覺的生活。雖然飛了很多紅眼航班，健康也受了些影響，常常經期不順；但也吃了無數份飯店早餐、睡了無數張鬆軟的床鋪，我覺得自己是全世界最幸福的人。甚至曾經有種好想就這樣過一輩子的念頭，因爲雖然身體很累，但頭腦好輕鬆。只要下班了，所有的情緒都不用帶下飛機。

漸漸地，我看見了自己的改變，我感受到了在舒適圈內產生的怠惰。

幾乎飛完了所有的航線，我發現礙於排班制度不斷地改變，我們停留在任何一個外站的休息時間，都遭到嚴重的壓縮。

每天疲勞與健康互相拉扯著，機上咖啡變成每天的必需品，常常連補眠的時間都不夠，就要開始另一個任務，有時候累到連起身去健身房的動力都沒有。

雖然我幾乎每天都在不同國家的飯店睡著，但我卻覺得自己與世界愈來愈遙遠。

一天，我和圈外的好姐妹吃飯。

「欸，李牧宜，妳多久沒有好好看完一本書了？」

「嗯……好像有點久了。」

「看妳的臉書照片都是在外站的美照，我很好奇，妳平常沒在飛、也沒和組員出去玩的時候，都在做什麼？」

「我已經很長一段時間覺得嗜睡，而且怎麼都睡不飽。所以，應該都在睡覺吧。」

她皺了皺眉頭。

「妳爲什麼要這樣問啊？」

她翻了一個白眼，接著說：「妳有沒有發現妳講的話題，愈來愈空洞啊？」

我的心沉了一下。

「對不起啦，我們是十年的朋友了，就不要怪我說話太直了。」

「我只是在想，是不是眞的變成這樣。」

回家滑手機時，想著整理一下許久未用的 email 信箱，在一堆信件中看到一封上班前一位資深前輩寫給我的信：

「牧宜，千萬不要成爲下午茶空姐。祝妳快樂飛行。」

突然間，我的心情一陣激動，當時我是如何懷抱理想踏進這個圈子，而如今，我又成爲了什麼樣的空殼呢？

想起受訓時，一位很有氣質的空服教師曾開個玩笑：「你們在面試的時候，哪一位不是說，自己嚮往一邊工作、一邊旅遊？又哪一位不是說，自己從小懷著環遊世界的夢想？飛久了以後，你可能會發現它只是一份工作。」

我把那封信轉給男友，打了一封 line：

「我想改變自己，但卻不知道從何做起。」

過了一陣子，他回了我一則訊息：

「其實你們在飛機上的故事很珍貴，是空服員獨有的體驗，妳要不要試試看用自己的文字，記錄這些故事啊？」

我疑惑地問他：「我可以嗎……？很多有趣的故事，姐姐們在部落格都寫過了，我能寫些不同的東西嗎？會有人想看嗎？」

他傳了一個大笑臉的貼圖，接著說：「用妳的觀點啊，同樣一個故事，從不同的組員口中說出，就會給大家不同的感受。」

聽到他這句話，我想，如果它只是一份工作，或許，我可以讓它不只是一份工作。

我們去買了一台 macbook air，它很薄又輕巧，方便我在飛的時候隨身攜帶。

每次下班回家看到小安妮、跟她聊天時，就讓我想起在飛機上常接觸的移工。我想，她遠從印尼來時，跟他們可能沒有差別；但來我們家生活後，變成了一個更完整的人。和她商量過後，她也建議我把這份小小的溫暖傳遞給大家。

漸漸地，我記錄了好多事情，才發現在工作中的觀察和體悟都很有趣，即使是讓自己氣到快瘋掉的「鳥事」，回味起來，也有點趣味，這就是這份工作獨有的特色。

我想，這個社會不需要更多的謾罵及負能量了，如果可以以空服員的身分，用空服員的角度，傳遞溫暖，改變一些人對空服員的刻板想法，可以是一件很美好的事情。

在一個偶然的機會下，小小的文章成了專欄，開始有更多人看見了。如果當時沒體認到自己的怠惰、正視自己在舒適圈的改變，也無法和文字重拾感情。達成夢想很快樂，但有時，發現夢想破滅，也是一種幸福吧。

再度夢碎

身爲一個航空公司的員工，我從未於在職時公開地以「××航空公司組員」的身分對外發言，這個基本素養，從進來受訓時，公司就已經耳提面命。雖然我愛上書寫，但在離職前，我的文章中從來沒有提及自己來自哪一家航空公司。

或許書寫只是個小實驗，但我從沒想到我會登上媒體版面。即使自己再三小心，也可能藉由他人之手，讓夢一瞬間碎了。

會知道這件事情，是因爲那天一大早，我接到公司的電話。是那種奪命連環call，聽到手機鈴聲不斷響起，我急著從家裡廁所奔出來。

「喂？」

「是牧宜嗎？爲什麼在網路上寫公司的事情？」

「我沒有在網路上寫公司的事情呀，發生什麼事情了？」

「新聞斗大的標題寫：『華航空服員李牧宜』，妳是自己去投稿嗎？」

「我有發表過幾篇專欄，但從來沒有提及公司名稱。文章有上××新聞，我完全不知道。」

「牧宜，我們想知道妳的動機是什麼？」

「什麼動機？」

「上新聞的動機啊！」

「我完全不知情的狀況下，我能有什麼動機？很抱歉，我真的不知道這件事……」

「就算原文沒有寫公司名稱，但妳的文章寫著『從台北到吉隆坡』，很明顯地，妳就是位空服員。身為空服員，我們沒有資格 educate 客人，這樣會造成客人惶恐，讓他們生怕自己成為空服員筆下的焦點人物。」

「我不覺得自己寫的任何文字有影射到公司，事實上，我一直在避免這件事，您剛剛不也認同了嗎？」

「請妳馬上寫一份報告交代清楚，盡快寄過來。」

電話掛了。

我立刻上網查，才發現自己的照片和文章都被放在某知名即時新聞網頁上。沒想到第一次和他們接觸，竟是打投訴電話。

「不好意思請問一下，你們轉發我的文章時，把我的公司名稱寫上去，讓我已經接到上層關切了，可以幫我把新聞下架嗎？」

果然是手腳迅速的大集團，手腳非常快，文章即刻下架了。我也撥了通電話給公司。

「不好意思，我已經要求對方把文章下架了。」

「噢！文章可以下架嗎？那請妳要求雅虎也撤文，謝謝。」

「撤文後，我的報告還要寫嗎？」

「不管妳自己寫的，還是媒體寫的，大家知道妳來自哪家航空公司，已經成爲事實，報告當然要寫。」

最讓我難過的，是主管跟我說：「牧宜，公司不准妳再寫了。」

未料，一波未平一波又起。隔兩天，我和媽媽帶安妮、阿嬤出去散步，祖孫三代打算出門吃一頓輕鬆愉快的午餐。吃到一半，我又接到一陣奪命連環 call。

「這件事情妳想要什麼時候落幕？」

「又發生什麼事情了……？」

據說，某媒體公司打到公司公關部「告密」，說我向媒體「爆料」公司內幕，指控公司剝奪我工作權利和言論自由。

事實上，前一天早上被肚子痛醒，接到電話後，處理了文章事件，寫完報告，就直接倒在床上昏睡，直到天黑。請問我哪來的時間向媒體爆料呢？

唯一打給某媒體的一次是當天下午三點十四分，目的是要求某媒體下架未經我授權的新聞。我可以去電信公司調閱我的通話紀錄，證明我從未做爆料公司內幕這種事情。各家媒體的行事作風大家應該很清楚，意外的是，公司居然相信了。

媒體新聞盜用我的圖文，冠上航空公司名稱，雖然在第一時間下架，但讓我受到公司壓力已造成我很大的困擾，沒想到還疑似有人捏造事實，喬裝成聖人跟公司反告我？

這篇文章在網路上傳開，我無法理解的是，資方或許無法去觀察正面效應，但難道，注意負面的回應、相信惡意中傷我的人，就是唯一的選擇嗎？

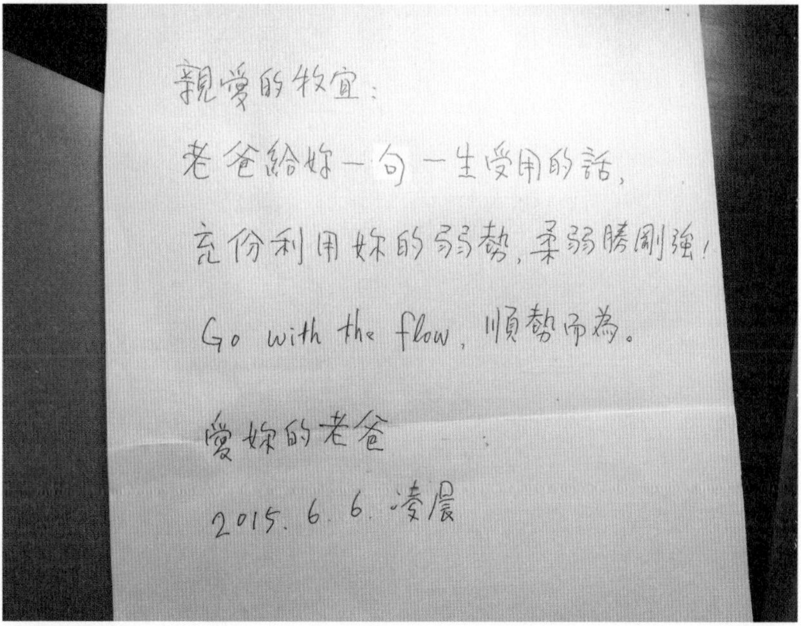
親愛的牧宜：
老爸給妳一句一生受用的話，
充份利用妳的弱勢，柔弱勝剛強！
Go with the flow，順勢而為。
愛妳的老爸
2015.6.6.凌晨

爸爸在凌晨留給我的字條。

「牧宜，文章統統下架，如果妳反抗，只有停飛妳了。」

在一夕之間，我成了資方眼中的罪人。

聽到停飛兩個字，我很傷心也很疑惑，所謂的言論自由是什麼？更何況我從未提及、暗示、明示有關公司名稱的任何字眼，更找不到任何clue，可以構成公司懲處我的理由。

那天晚上，我在床上翻啊翻的，完全睡不好，不斷地問自己：我到底做錯了什麼？會不會明天眼睛一睜開，我已經沒了工作？我還有什麼辦法可以自保？我可以找誰求助？

起床看到爸爸留下的字條，我心裡揪了好大一下，打開房門發現爸爸早已出門上班了。

這件事情在組員之間和工會立刻傳開，我也收到無數封加油訊息，那段時間，不管是認識的、還是不認識的組員和朋友，都很支持我，選擇陪伴我。

組員之間的溫情，不只在離職後會不捨，我想我永遠都不會忘記。

柔弱勝剛強，在大家的陪伴下，我熬過了這段時間。但我看看，當時給自己的期限也快到了，我知道，是該離開了。

「什麼叫作長大？就是我們終於體會到有一件事情不再那麼迷人，有更迷人的事情值得追求。」我想，我也知道自己該怎麼做了。

達成夢想很快樂，但有時，發現夢想破滅，也是一種幸福呢。

我上山到阿公墳前，告訴他這件事

我和哥哥一起上山看阿公，我印了好幾篇自己的文章，坐在阿公墳旁邊，念給他聽。

我的阿公生前雖然當了一輩子醫生，但卻比誰都還有文采。他熱愛閱讀、觀察社會大小事，對任何事都充滿著好奇。所以從小我被他規定，每週要手寫一封信，在週末前寄到斗六。小學生成天都只想跑出去玩，或許聽到這類的規定會很抗拒，但很奇怪的是，我卻非常喜愛阿公對我的這份嚴厲。

我每個禮拜都寫一大疊信，跟他說我看了哪一本書、觀察到什麼現象、做了什麼有趣的事情，有時候還會搭配自以爲很漂亮的插畫，希望可以讓他知道所有的細節。記得我家前面的一排樹曾經受到嚴重病蟲害，我寄了一片樹葉給他，問他：「阿公，樹葉生病了，怎麼辦？」

這份功課持續了好幾年，嚴厲的阿公都非常認眞批改，盡力對每篇文章做出回應。有時候我寫錯字忘了改，還不免會招來一陣說教。如果我在信中說自己看了哪一本書，他還會自己去買一本來看，看完寫下他的感想，再把信寄回台北。

或許爲的就是訓練孫女的文字能力；或許是想藉由這種方式讓我學會樂於分享；也或許，他只是想用這種方式貼近他的小孫女。小時候和阿公寫的每一封信，如今，我都存檔在櫃子裡。

當時可能不明白阿公的用意，但我現在體會了，原來書寫可以更清晰地聽見自己心中的聲音。

記得阿公過世時，我正在準備大學指考，記得他病危時，我握住他的手承諾他，我一定會成爲他的學妹，那時不知他是否有聽到，但心電圖有明顯起了一些變化。而至今我最後悔的，就是沒有達成對他的承諾。

我常在想，如果阿公今天還在世，他會對我說什麼？他會爲現在的我感到驕傲，還是失望？如果他知道，我承襲了兒時與他共同的回憶，每天埋在文字堆中工作，他會不會支持我，會不會爲我感到開心？

把郝明義先生的書《如果台灣的四周是海洋》送給他，相信書中除了有我的篇幅外，其他的內容也會是他非常感興趣的，因爲這是一本很精彩的好書。我再次在墓前承諾，經過半年努力，下次來看他時，會帶來另一本好書——一本他一定會帶去天堂珍藏的好書。

畢竟，不可以再讓他失望第二次了，對吧？

最後一趟任務，在布里斯本機場的留影。

〔附錄〕漫畫　可愛的客人語錄

1　永遠找不到的廁所

對客人來說，除了螢幕上的影視節目外，最重要的就是廁所了。大多數的客人喜歡靠走道的位子，因爲上廁所不需要跨過鄰座的人，來去自如。

但「廁所在哪裡」以及「廁所的門在哪裡」，永遠是最會搞混客人的題目。而我們偶爾也會在一旁停留個○·五秒，看看客人會如何找到答案，但有時候不可以停留太久，因爲永遠都不知道客人會做出什麼事，比如說，我曾看到客人在我面前，硬把廁所的門給拆了。

又比如，曾有大陸客人開了衣櫃的門，一側身，便把自己硬生生地塞進去。當同事衝過去詢問，她只有無奈地說：「我在找廁所。」等到指引大嬸前往正確的方向後，同事更無奈地，看著衣櫃裡滿滿的大衣說：「她覺得自己在上演納尼亞傳奇嗎？」

"忙碌"
busy
"busy"
"忙碌"
!?
!
有什麼要幫忙嗎?
我要找廁所
請往這邊走
← 衣.櫃.
Mumu

2　地名、機場傻傻分不清？

一趟台北—北海道的航班上，機長做了下降廣播，原來，兒子幫他買機票的同時，沒跟他說清楚地名……

3　愛面子的加長安全帶顧客

爲了保護身材較壯碩的客人，加長安全帶是飛機上很基本的配備，這種安全帶在紐西蘭的航線中非常火紅，因爲毛利人的身材大都比較「大」一些，機上常常會不夠，因此，必須請地勤多送幾條上機。加長安全帶，其實是配合特殊需求的旅客，不是爲了打擊客人的信心啦。

4　貴賓、卡客的名字記不完

偏偏是當卡客是外國人的時候，我們得嘗試看著他的外語名字，設法念出他的姓。通常不小心念錯時，他們都會笑笑地糾正，但唯獨這次，我的貴賓臉垮了下來。

5 GET A ROOM!!

峇里島是個蜜月勝地，在機上總會出現不少濃情蜜意的新婚夫妻及熱戀中的情侶。原先會以爲機上充滿了愛，氣氛應該不錯，未料我們最常遇到的，是活在自己世界的放閃情侶，以及滿滿的「啞巴公主」。

6 填不完的海關單、入境表格

配合各國海關規定，我們必須協助客人填寫表格。在印尼線常遇到這種狀況：印尼文表格嚴重短缺，而剩下來的只有英文形式的表格。就在這個時候……

7　偷餐盤

機上的任何物品，對許多大陸客來說就像是奇珍異獸一樣，各個都是寶物，尤其是餐盤上盛裝熱食、沙拉、水果的小盒子，而偏偏這些盒子都是必須回收的（就是對岸常說的「一次性」！）。曾有客人吃相不是很好看，收餐時發現整個餐盤上，連一個盒子都不在了。這位客人爲了掩飾自己「順手牽盒」的行爲，便對我撒了這可愛的謊……

聽曾到大陸自助旅行的組員說，她曾看到路邊有個攤販，販賣著世界各國航空公司的「空餐盒」和餐具，原來，他們帶下機不一定是爲了做紀念，而是……爲了這個呀！

8　買小三禮物

販賣免稅品時也可以有社會觀察嗎？這個故事在我心裡放了好久，卻想不出眞的答案可能是什麼。

9 過年

辛苦的服務業總是沒有一般人享有的國定假日，而在這些假期，也是我們工作最忙碌的時期。哥哥跟我說，有一年過年我出任務去了，直到初三那天，我才回來……

10 茶水

陸客最喜歡的茶水，究竟是水，還是茶呢？

LOCUS

LOCUS

LOCUS

LOCUS